JN182778

買う5秒前

「指南役」代表
草場 滋

買う5秒前、何があなたの背中を押したのか？

「本当は何がものを売っているのか、誰にも分からない」

これは、CMプランナー時代の佐藤雅彦さんが、今をさかのぼること23年前、1992年に雑誌『宣伝会議』に連載するコラムの最終回で、広告会社に内定が決まった甥っ子へ贈ったメッセージです。

え？ 広告の天才が、何がものを売っているのか分からないって？

僕は驚きました。でも、考えてみると、僕らは何か明確な理由があって、毎度商品を買っているワケじゃないと、その時ふと気づいたんです。

実は、パッケージが気に入ったり、広告に触発されたり、友人からの口コミでものを買うケースは稀。多くは、買う直前――〝5秒前〟に正体不明の何者かに背中をドンっと押され、僕らはものを買っています。

要するに、そのメッセージは広告の天才だからこそ辿り着けた、いわば「無知の知」だったのです。

そう、僕らの日々の買い物の決定権は〝買う5秒前〟が握っている。そして、その正体はあまりよく分かっていない。

ほら、思い出してみて。あなたがこの2、3日に買った品々を。昨夜、夕食用にスーパーで買った食材も、一昨日ふらりと立ち寄ったコンビニで買った雑誌も、3日前にデパ地下で取引先への差し入れ用に買ったスイーツも――最初から計画して買ったものじゃなかったでしょ？

一体、買う5秒前、何があなたの背中をドンっと押したのか。

7番目の動機

佐藤雅彦さんの問いかけは今日、マーケティング用語で「消費者インサイト」と呼ばれ、ようやく企業の商品開発部や広告会社などで研究が進んでいますが、正直、まだまだ発展途上にある感は否めません。

一説には、人々の購買動機は左の六つに大別されるとも言われます。

❶「必要」Necessary
いわゆる生活必需品。もしくは安心・安全のための必要経費。

❷「お得」Value
安い、おまけがある、儲かるから……という理由で購入すること。

❸「好み」Favorite
嗜好品や趣味。美・健康・便利・快適・余暇……要するに生活に「＋α」をもたらす消費。

❹「流行」Fashion
流行りものに乗っかる構図。皆が持っているから。

❺「見栄」Vanity
ブランド品や高級車など、世間体を気にしての購買。

❻「義理」Obligation
仕事上の付き合いや、友情で仕方なく……というケース。

とはいえ、現実にはこれら六つの購買動機に収まり切らないことのほうが多いのは承知の通り。皆さん、「これ、なんで買ったんだろ？」と、自分でもよく分からない買い物をして、反省する日々だと思います。

それは、まさに買う5秒前、いわば未知の〝7番目の動機〟が、あなたの背中をドンっと押したからです。


ざっくり言えば、本書は、その7番目の動機を解き明かしたもの――。

本書の使い方

この本は、ただ読むだけの本じゃありません。使う本です。

特に、新商品や新サービスなどのアイデアを考える立場にあるあなた。ユーザーの〝買う5秒前〟の正体が分かれば、よりアプローチもしやすくなるでしょ？


本書には、既存の購買動機に収まり切らない7番目の動機の例として、〝62の買うシーン〟が登場します。

肝はインデックス。各事例を「本能」や「ソーシャル」など六つのカテゴリーに分け、マトリックスに落とし込みました。それを指針に、あなたの求める〝買う5秒前〟に辿り着いてもらえると幸いです。また、巻末のヒット商品年表から引くこともできます。

引いて、読んで、使う本です。

"買う5秒前"の心理①

本能

“買う5秒前”の心理②

ソーシャル

"買う5秒前"の心理③

逆張り

“買う5秒前”の心理④

ボーダレス

“買う5秒前”の心理⑤

シンプル

“買う5秒前”の心理⑥

人間力

“買う5秒前”の心理①

本能

アップル製品のように、
マニュアルなしでも自然と操れる感覚
―― 人間本来の直感に訴え、売れたシーンを分析。

新商品・サービス企画のヒント

購買動機「本能」を刺激する企画づくりで、知っておきたい消費者インサイト。

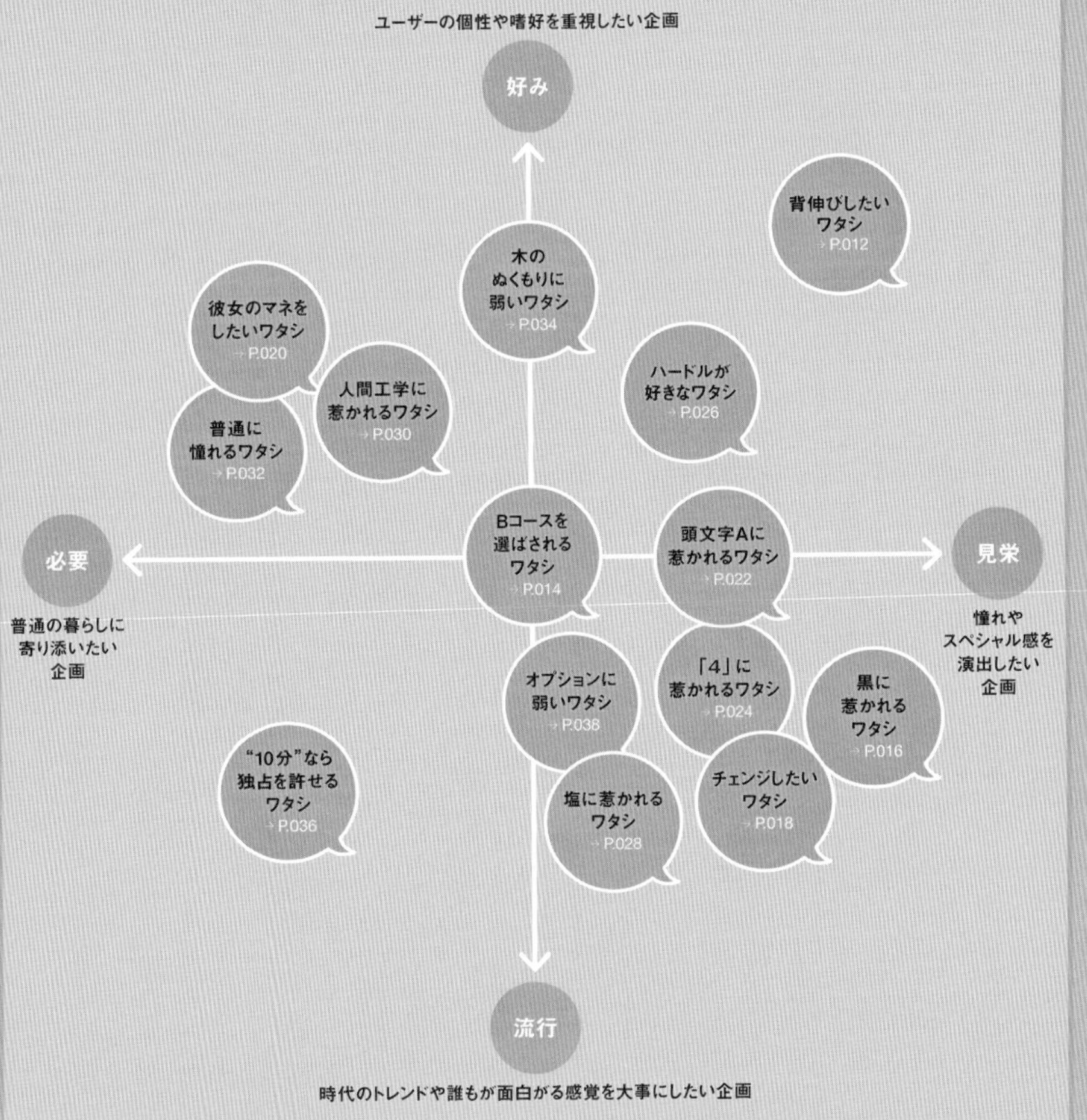

背伸びしたい ワタシ

本能的に、女性は背伸びしたい生きもの。
彼女たちは、同じ目線のところにある商品より、ちょっと上にある商品に惹かれる。

「本当は何がものを売っているのか、誰にも分からない」とは、かつてCMプランナーとして名を馳せた佐藤雅彦さんのメッセージ。

そう、広告もマーケティングも口コミもクーポンも、人がものを買う手助けにはなっても、最後の背中の一押しにはならないことを佐藤さんは早くから見抜いていた。

最後の背中の一押し――要するに最後の最後は〝直感〟がものを言うってこと。カフェでメニューを広げて、漠然と「アイス・オレにしようかなぁ」なんて考えていても、店員に「お決まりになりましたか？」と聞かれると、ギリギリのところで「マンゴージュースお願いします！」と言っちゃう謎のアレである。

その心変わりを説明できるのは、広告でもマーケティングでも口コミでもクーポンでもなく――直感でしかない。

一つ例を挙げよう。

コンビニという場所は、消費者の直感の宝庫である。あなたもそうだろうけど、何か買おうと思ってコンビニに入っても、その通りのものを買って店を出ることは稀である。大体、何かを追加したり、別のものに目移りしてしまうことが多い。

例えば、ここに一人の新人OLがいる。彼女は雑誌『CanCam』を買おうとコンビニに入った。しかし、雑誌棚でふと別の雑誌が目に留まる。それは、自分よりもちょっと年上をターゲットにした姉妹誌の『AneCan』。この時、ポンッと彼女は背中を押される。思わず手が伸び、次の瞬間、『AneCan』を持ってレジへ――。

何が、彼女に心変わりをさせたのか？

「背伸びしたいワタシ」である。どういうわけか、若い女性が雑誌を購入する際、その手の直感が、行動を左右することが少なくない。かつてキャバクラ嬢の教科書として一世を風靡した『小悪魔ageha』も、実際の主要読者層は女子高生だったらしいし、その女子高生をターゲットに作られているはずの『Seventeen』も、今や読者の主体は女子中学生である。

本来、女性ファッション誌は、かなり細かい年齢層までターゲットを細分化して作られているはず。しかし、結果的に購入している層は、出版社が当初想定していた年齢層より下である場合が多い。

彼女がそれを買う5秒前、「背伸びしたいワタシ」が背中をポンッと押したからだ。

Bコースを選ばされるワタシ

僕らはレストランで、なんとなく無難なBコースを選んでいる。
でも、それは店側が仕掛けた巧妙なワナなのだ。

ある選択肢を与えられた客が、自分の意思で好きなほうを選んでいると考えるのは――客の幻想である。

例えば、あなたが国際線の機内食のサービスで、キャビン・アテンダントから「肉か魚か？」と聞かれたとしよう。さて、あなたは確固たる意思で好きなほうを選んでいるだろうか。宗教上の理由やよほどの好き嫌いがあるならともかく、正直、肉でも魚でもどちらでもいいと思いながら、なんとなく選んでいませんか？

ぶっちゃけ、僕らは何かを選んだり、自己主張したりするのがあまり得意じゃない。試しに、小さい子に「ねぇ、○○って好き？　嫌い？」と聞くといい。少し考えた末、大抵こんな答えが返ってくる。「……ふつう」。

そう、僕らは選ぶのが苦手なので、つい、無難な答えに走りがちである。

例えば、昼休みに入ったカレー屋で、店員から「辛さの加減は？」と聞かれると、特に深く考えもせずに「中辛」と答えてしまう。寿司屋に入って松竹梅とあれば竹を、とんかつ屋で特上・上・並とあれば真ん中の上を選んでしまう、そんな無難な生き物だ。

その傾向は、世論調査にも現れている。内閣府が毎年行う「国民生活に関する世論調査」で自分の暮らしが「中流」と答えた人は、１９６０年代から一貫して９割以上なのだ。僕らは根本的に中流意識が強く、特に何かに強いこだわりがあるわけでもない。だから、あることについて選択を迫られると、つい無難な真ん中あたりを選んでしまう。そして――できる店は、そんな僕らの行動パターンをとっくに読んでいる。

例えば、彼女とフレンチレストランに入ったとする。出されたメニューにはＡＢＣの３コース。Ａはリーズナブルだけど、品数が少ない。逆にＣは、料理は充実しているが、それなりに高い。そういう場合、僕らはつい無難な「Ｂコース」を選んでしまう。

ところが、店側はそんな僕らの行動パターンをとっくに読んでいる。その手の店は最初からＢコースに一番力が入っている。シェフのおススメ料理が入っているのも大抵、Ｂコースだ。注文する人が多いので、コストパフォーマンス的にも良い食材を提供しやすい。結果、人々はＢコースに満足し、その店のリピーターになる。

実は、ＡやＣは、Ｂコースを選ばせるためのオトリ。僕らは選んでいるようで、その実、選ばされているのだ。

黒に惹かれるワタシ

お客はブラックエプロンに引き寄せられ、その店を訪れる。
“黒”の放つ、ただならぬ気配を瞬時に見抜いたからである。

僕らが何か買い物をする際の選考基準の一つに、〝色〟がある。もちろん、好みの色の商品を求めることが多いが、時としてほかの色に惹かれることも少なくない。そして、それは「黒」である場合が多い。

黒——。

その色には不思議な魔力がある。一見、暗くて重いネガティブなイメージだが、その裏には素材感や本物感、高級感といったプレミアムな性格が隠れている。そして僕らは、そんなニオイを瞬時に嗅ぎ取り、時に黒い商品を購入する。

例えば、今や大画面のテレビは様々な色が用意されるが、圧倒的多数のお客は黒を選ぶ。高額商品ゆえに、黒の放つ〝ニオイ〟こそ相応しいと感じるからである。また、アメリカン・エキスプレス社の最上級カードは「センチュリオン」なるブラックカード。世界でも限られたVIPのみが持つことを許され、世のエグゼクティブたちの憧れの的。レストランなどのチェックの際、財布からブラックカードを出した時の周囲の崇拝の目といったらない。

ほかにも——食品の分野では本来、黒は食欲をそそる色じゃないのに、イカ墨パスタや黒酢豚、黒烏龍茶、焼酎の黒霧島など、近年、黒をイメージさせるメニューが脚光を浴びている。それも、黒に秘められた〝本物感〟を人々が嗅ぎ取ったからだ。黒霧島が「クロキリ」と呼ばれ、瞬く間に焼酎のトップブランドに成長したのも、その名前の持つイメージと無関係ではあるまい。

サービスだってそう。例えば、新宿通りのマルイの2階にあるスターバックス コーヒー。かの店ではバリスタ（スタバではスタッフをこう呼ぶ）が全員、ブラックエプロンを着用する。通常、スタバのエプロンといえば緑色だが、彼らはコーヒーの知識や経験が豊富な選ばれし精鋭たち。その証しがブラックエプロンなのだ。そして、彼らの〝黒〟に惹かれるように、連日、多くのお客が押し寄せる。

実は、その店には通常のスタバにはないコーヒー豆を販売したり、コンシェルジュカウンターがあってテイスティングできたり、プレス式でコーヒーをいれてくれたり、マグカップが黒だったりと、様々なオプションが用意されている。でも、お客はそれらの詳細を知らずとも、ただ、なんとなくブラックエプロンに惹かれて訪れる。

そう、黒は、送り手と受け手の間を取り持つ、いわば暗号。いちいち説明しなくても、お客はその色を見ただけで、ただならぬ気配を察知するのである。

チェンジしたいワタシ

実はロングヘアーの女子は周囲が思っているほど固執していない。
何かほんの少しのキッカケで新天地の扉は開かれる。

思い返せば、2009年は世の中にチェンジの風が吹き荒れた1年だった。

その火付け役が、アメリカ史上初のアフリカ系アメリカ人の大統領、オバマである。日本でも衆議院選挙で民主党が大勝し、15年ぶりに政権交代が実現した。

ファッション業界に目を向けても、かつての高級ブランド信仰は影を潜め、H&Mやフォーエバー21などの低価格を売りにしたファスト・ファッションが一大ブームを巻き起こしたのが2009年。

自動車市場も、かつて走り屋としてならした車好きたちはどこへやら。その年、ホンダから2代目インサイト、トヨタから3代目プリウスが発売され、エコカー減税も手伝い、猫も杓子もハイブリッドカーへと乗り換えた。

かつてグルメ通としてならしたOLたちが、会社に自作の弁当を持参し始めたのもこの年。彼氏も肉食系から草食系へチェンジ。そして彼らもまた、会社に弁当を持参した。そう、弁当男子の誕生である。

——と、そこかしこに吹き荒れた2009年のチェンジの風。だが、実はその種の現象は今に始まったことじゃない。太古の昔から人類はチェンジを繰り返し、今日の繁栄を築いたのだ。

その昔、アフリカ大陸で誕生した人類は、陸伝いにヨーロッパやアジアへ進出。さらにベーリング海峡を渡り、南北アメリカ大陸へと広がった。現状にとどまるより、何が起きるか分からない新天地を目指した結果が、今日の人類の繁栄なのだ。

「今度の土地はどうだい？」

「悪くないね。でも僕は先を目指すよ」

その習性をマーケティングに利用したのが、近年の缶コーヒー市場である。コンビニの冷蔵ケースの前に立つ度に新商品を目にするのは、そういうこと。昔は、ジョージア派とかボス派とか缶コーヒーにもブランド信仰があったが、今や短いスパンでどんどん新商品が投入され、僕らは毎回、違う缶コーヒーを飲んでいる。

そう、僕らは保守的に見えても、案外そうじゃない生き物。安全な現在地にとどまっているよりも、何が起きるか分からない新天地のほうを選びたがる習性だ。

ずっとロングヘアーで通してきた女の子が、ある日突然、ボブスタイルに変身するのも、そんなDNAの力。失恋のせいじゃなくて。

彼女のマネをしたいワタシ

周囲にマネされる「ミス平均」の彼女は、自分がトレンドに乗っている意識はない。
そんなところが、また魅力的。

普通、ファッションリーダーというと、渋谷や丸の内あたりに生息するカリスマ的な女子大生やOLを連想するのではないかと思う。ファッション誌の編集部にしょっちゅう出入りしたり、ブランド店のプレスパーティーに招かれたり——。

でも、実のところ、真のファッションリーダーは彼女たちじゃない。もっと身近なところにいる。

どこにいるかって？

ほら、学校や職場で仲のいい女の子5、6人のグループがあるでしょ。真のファッションリーダーは、大抵その中にいる。彼女は別にファッション誌に読者モデルとして登場することもないし、山の手に住むお嬢様でもない。どこにでもいる、ごく普通の女の子だ。でも、そんな〝普通っぽさ〟が、逆に希少価値なのだ。

どういうことか。

例えば、「女子大生」と聞いて、あなたはどんな人物像を連想するだろうか。恐らく——上智や青山学院、立命館あたりの私大に通い、いわゆるキレカワなファッションに身を包み、週に2日程度スタバでバイトして、英会話サークルで知り合った1歳上の彼氏がいる——みたいな〝平均像〟を思い浮かべるんじゃないだろうか。

でも、実際の女子大生は、そんなステレオタイプじゃない。いや、むしろそういうのは少数派。多くの女子大生は、例えばアニメ好きだったり、体育会系だったり、居酒屋で泥臭いバイトをやっていたりと、ちょっと定番のイメージから離れている人たちばかり。

そう、平均というのは、あくまでバラバラな個性の中間値。平均的な女の子が一番多いわけじゃない。

そんな中、稀に〝ミス平均〟みたいな女の子がいる。彼女は別に狙っているわけじゃないけど、やることなすこと時代のトレンドと妙に合致する、そんな女の子。彼女がジョギングを始めたら、世間もジョギングブームになり、彼女がランチの外食をやめて家からお弁当を持参するようになると、世間も家弁ブームに——。

そして、周囲の友人たちは、そんな打算のない彼女に憧れ、密かに真似しようとする。

そう、時代の一歩先を行くファッションモデルやテレビドラマで女優が着る服よりも、時代と並走する彼女が着る服のほうが、実用的で魅力的だからである。

お手本は、前方ではなく、横にいる。

頭文字Aに惹かれるワタシ

僕らが惹かれる商品を並べると、奇しくも頭文字Aが並ぶ。
もちろん、どれも優れたものだが、理由はそれだけだろうか。

レストランでメニューを広げて、不思議と目に飛び込んでくる文字がある。連れに聞くと、同じところを見ていたと言う。

偶然だろうか。いや、違う。僕の経験からすると、偶然にしてはあまりにその種のケースは多い。さらに多くの場合——飛び込んでくる文字は、「アスパラガス」か「アボカド」の料理である。

美味しいから？　もちろん両者は美味しい。でも、美味しい食材はほかにもたくさんある。なぜ、その二つだけが毎回決まって目に飛び込んでくるのか？

両者の共通点と言えば、奇しくも頭文字が同じこと。英語にすると「A」。まさかそれが理由でも——と冗談を一蹴しようとしたところで、ふと思いとどまる。

「いや、もしかしたら〝頭文字A〟には、本当に人を惹き付ける不思議な力があるのかもしれない——」。

試しに、思いつくままに頭文字にAがつく単語を並べてみる。AKB48、ARASHI、ANA、AVATAR、Apple、Amazon——偶然にしては、僕らを惹き付けて止まないネーミングが並ぶ。冗談から思いついた仮説だが、本当に頭文字Aには、何か不思議な力があるのかもしれない。

そう言えば、アルファベットも五十音も、最初に来る一音は母音の「A（あ）」である。いや、フランス語もアラビア語も、世界のありとあらゆる言語は、母音の「A（あ）」に該当する一音から始まる。

そもそも、僕らがこの世に生を受けて、最初に発する言葉がそう。よく、赤ちゃんが最初に発する言葉は、洋の東西を問わず「ママン」と言われるが、実は赤ちゃんはその前に、意味をなさない「アー」という言葉を発する。それが「マー」となり、母親を意味する「ママン」となる。

そう、頭文字A——。

それは、世界中のあらゆる言語の最初の一音であり、僕ら人間がこの世に生を受けて発する最初の言葉。そういう意味では、僕らにとって最もなじみ深い言葉と言っていいだろう。少なくとも、ラ行やヤ行から始まる言葉よりもなじみ深いのは確かである。

ネーミングの良し悪しがヒットに結びつくケースは少なくない。しかし、頭文字Aには、それとはまた違う次元で、何か人間の本能的な部分に訴える力があるように思えてならない。

「4」に惹かれるワタシ

iPhone4の魅力は、スタイリングやスペックもさることながら、
そのストレートな「4」というネーミングにもあった。

2010年6月7日、米アップル社のCEO（当時）、スティーブ・ジョブズが新型のスマートフォン「iPhone4」を発表した。

その模様はUSTREAM等で配信され、たちまち大反響。予約を開始すると、予想をはるかに超える申し込みが殺到した。日本でも発売日には、ソフトバンク表参道やアップルストア銀座に前夜から長蛇の列ができた。

その翌月、電気通信事業者協会が発表した携帯電話契約数によると、純増数はソフトバンクモバイルが他社を圧倒して1位。その主要因が、当時、同社が唯一取り扱うiPhone4にあったのは言うまでもない。さらに言えば、現在のスマホの隆盛は、この年に端を発したと言ってもいいだろう。

iPhone4は、今日につながるスマホ市場を一気に拡大した。なぜこれほど人気を博したのか？

確かに魅力的なフォルムや進化したスペックなど、購買を誘う要因は多々あった。でも、あくまでそれは既存商品のモデルチェンジ。新商品ほどのインパクトはない。何かほかに要因がありそうだ。

思うに——「4」というネーミングにも、売れる一因があったんじゃないだろうか。4代目のモデルだからiPhone4。ストレートなネーミングだ。でも、歴代のモデルに「2」や「3」のネーミングは付かない。今回、初めて「4」である。

一般に、商品のネーミングに「2」や「3」が付くことは多々ある。続編や三部作といったくくりである。しかし、「4」となると、あまり聞かない。一つのシリーズの寿命として、長く続いても、いいところ三代なのだろう。

そう考えると、「4」がつく商品は、かなり新鮮だ。いわゆる三部作の次に来るモデルなので、仕切り直しの感がある。それに「2」や「3」が付く商品は、どうしても初代のインパクトを超えそうにないが、「4」だと、どこか初代に通ずる新しさを連想する。恐らくジョブズは、iPhone4を過去三代のモデルとは線引きをして、新たなスタンスで売り出したかったのだろう。その戦略は見事に当たった。

もし、あなたの会社にある商品が三部作や三代目を迎えていたら、次に出す商品は「4」を前面に押し出すことをお勧めする。必ずやそれは、市場に新鮮な目で受け止められるに違いない。

ハードルが好きなワタシ

大会には老若男女が参加し、仮装したランナーも多かった。
しかし皆、規定時間内で完走できる、つわもの揃いなのだ。

2011年2月、5回目となる「東京マラソン」が開催された。フルマラソンの部には3万3000人あまりが出場し、天候にも恵まれ、完走率はなんと97・2％。

さらに驚くのは、そのエントリー数だ。30万人近くが応募し、抽選倍率は約9倍。しかも、「ホノルルマラソン」のように誰でも応募できるわけじゃない。「フルマラソンを6時間40分以内に完走できる者」という条件付き。97・2％という完走率を見ると、冷やかし半分の応募者はほぼいなかったと見ていいだろう。

沿道から眺めて気づいたのは、思いのほか着ぐるみや仮装で参加するランナーが多かったこと。アニメのキャラクターや地方の名物、はたまたサラリーマン姿で走る猛者も――。だが、一見おふざけで参加しているように見える彼らも皆、ちゃんと制限時間内に完走したのだ。

7回目以降のフルマラソン抽選倍率は軒並み10倍超え。断っておくが、6時間40分以内で走れないと応募できない決まりだ。しかし――逆に言えば、そのハードルがあるから、皆、参加したがるのではないだろうか。

実は、人は自ら難題にチャレンジしたい生き物。検定ブームは、その心理をついたものだろう。自ら進んで難関の試験に臨む。合格したからといって何があるわけでもない。それでも挑戦するのは、そこにハードルがあるから。

2010年夏、不動産情報のサイト「ホームズ」を運営するネクストが「ホームズくん史上最強の難問」と題したキャンペーンを催した。出題された暗号は、IQ148以上の会員で構成される世界的団体「メンサ」によって考案されたもの。正解者の中から1名に港区の高級賃貸物件に2年間タダで住める権利が与えられた。

ご記憶の方も多いと思うが、これが話題になった。その豪華賞品もさることながら、人々の関心を惹いたのは、その暗号が本当に〝難問〟だったから。これが、よくある「○の中に言葉を入れよ」的な問題だと、話題にすらならなかっただろう。

2013年1月に企画会社のSCRAPとTBSが組んで放送した『リアル脱出ゲームTV』もそうだった。超難関の謎解きドラマで、深夜の放送にもかかわらず、約31万人がエントリー。ゴールにたどり着いたのは5711人と、正解率はわずか1・8％。同ドラマはその後、スペシャルが3本、2014年には連続ドラマも作られた。

その高いハードルに、視聴者が魅了されたからである。

塩に惹かれるワタシ

定番の塩やきそばに塩バニラアイス、さらには塩サイダーと、
「塩」には人々を惹き付ける不思議な魔力がある。

こんな経験はないだろうか。
あなたは彼女と、ちょっといい寿司屋にいる。オーダーは「おまかせ」。コハダ、ウニときて、三ネタ目。美しく磨かれた白木の付け台に、宝石のようにキラキラと輝く平目の握りが置かれる。大将が一言「アンデスの岩塩をまぶしてあります」。あなたは隣の彼女にこう講釈を垂れる。「ほらね、平目は塩で食べると美味いんだ」。目を輝かせる彼女。あなたはおもむろに右手を伸ばし、その白い宝石を口の中に放り込む。塩の旨みが上あごを刺激し、次の瞬間、平目の甘みがそれと調和する。頷くあなた——なんて、寿司屋で塩ネタを食して通ぶった経験は、誰しも一度や二度はあると思う。

子どもの頃は、寿司は醤油で食べるものと思っていたが、ここ10年くらいだろうか。寿司屋に行くと、大抵ひとネタは塩の握りが出てくるようになった。そして僕らは、それに全幅の信頼を寄せる。「塩で食べるんだから、旨いに決まっている」って。

一般に、寿司を塩で食すようになったのは、１９９７年4月の「塩の専売制の廃止」に端を発すると言われる。それを機に、旨みやミネラルが豊富な天日干しの塩が日本各地で作られるようになり、また外国からも天然塩が輸入されるようになった。そうして寿司屋で急速に塩ネタが広まったのだ。

もちろん、塩の〝食文化革命〟は寿司にとどまらない。有名どころでは、ポテトチップスがある。塩の名産地が大きく記されたパッケージを目にしたことがあるだろう。アイスクリームも、「塩バニラ」がすっかり定着した感がある。お弁当系でも、今や「塩焼きそば」や「塩唐揚げ」は大人気。「塩サイダー」なる清涼飲料水まで登場した。

なぜ、これほど塩がもてはやされるのか。一つは、消費者のナチュラル志向の表れだろう。人間にとって、塩は水と並ぶ、生きるために必要な要素。命の源。それを前面に押し出した食材は、人間の根幹に直結するイメージがある。そう、余分な要素が全て取り除かれた、究極の食材とでも言おうか。

でも、それだけじゃない気がする。

単なるナチュラル志向なら、塩以外にも優れた食材はあるし、塩分の摂りすぎは逆に体によくない。それでも僕らは「塩」と聞くと、なぜか盲信的に服従する。

塩には、そんな不思議な魔力がある。

人間工学に惹かれるワタシ

目線を感知し、自動で節電モードになるギャラクシーS3。
それは機械というより、もはや人間に近いかもしれない。

2012年夏、NTTドコモが最大の目玉として発表したアンドロイド端末「ギャラクシーS3」は、思わず「マジ?」と声を上げたくなるスペックの持ち主だった。

それまでもスマートフォンの進化は目を見張るものがあり、僕らは少々のことには驚かなくなっていた。いや、あまりに増えすぎた機能に、正直、ついていけないのが実情だった。だが、その新商品にはちょっと驚かされた。それは、新たな機能が〝肌感覚〟で伝わってきたから。マニュアルを見て、やっと理解できるというシロモノではない。僕らが本能的にとりそうな行動に沿っていたのだ。

そう、〝人間工学〟だ。

例えば、こんな機能。会議中、テーブルに置いたギャラクシーS3が突然鳴り出したとする。うっかりマナーモードにし忘れていたのだ。こんな時、咄嗟に僕らは端末を手で覆って隠そうとするだろう。「シー!」という具合に。すると、ギャラクシーS3は音が鳴り止む。面倒な操作などいらない。「あ、ヤバイ!」と手で覆えば、鳴り止む。なんと人間工学的だろう。

また、こんな機能もある。ショートメッセージでやりとりしているとする。そのうち文章が長くなって「あぁ、もう話した方が早い!」と感じたとする。そんな時、端末をそのまま耳に当てれば、勝手に通話が始まるという。これも実に人間工学的。

そして極めつけが、節電モード機能。普通、スマホの端末は一定時間、画面に手を触れないと、自動的に画面が暗くなって節電モードになる。だが、ギャラクシーS3の場合、手ではなく、人間の目線を感知するのだ。つまり、画面を見ている間は明るく、目線を外せばサッと暗くなり、節電モードになる。もはや機械というより、人間に近い。

考えてみれば、僕らはものを購入したり、サービスを利用する際、直観的に人間工学の視点から選んではいないだろうか。自然と体になじむとか、居心地がいいとか……。

かのスティーブ・ジョブズが「iPhone」を開発する際、こだわり抜いた点もそこ。ボタンを極限まで減らし、分厚いマニュアルがなくとも、ユーザーがなんとなく触っていれば、自然と操作を覚えられるようにした。もしかしたらジョブズは、最終的に人間を作りたかったのかも。

そう、人間は人間的なものに惹かれる。あなたの会社の商品やサービスが人間工学に沿っているか、この機会に検証してみてはどうだろう。

普通に憧れるワタシ

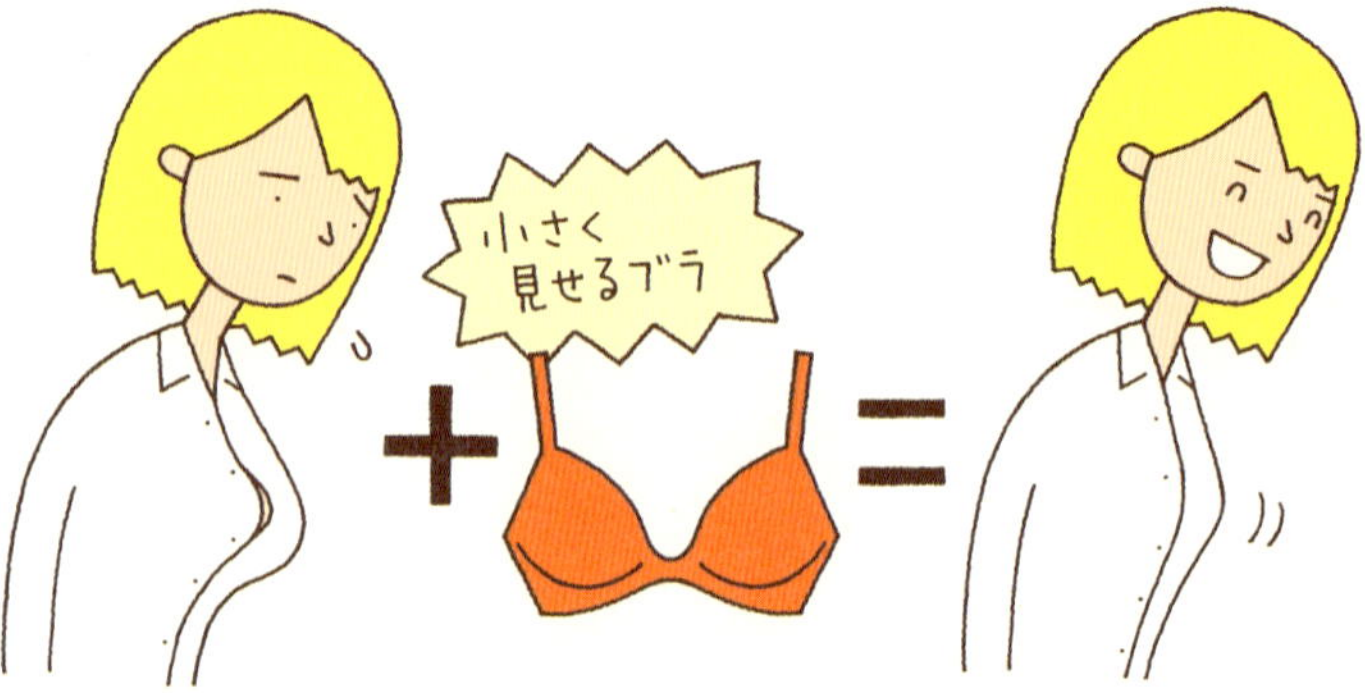

実は、世の女性たちは巨乳ではなく、標準サイズのバストを求めていた。
「大きな胸を小さく見せるブラ」はそのニーズを発見した。

以前、こんな新聞記事を目にした。

それは、1986年のJALの入社式と、現在の同社の入社式の様子を比較したもの。面白いのは、80年代の服装が個性的なのに対し、現代では皆一様に黒のリクルートスーツ。髪型まで似通っていたのである。

一般に、現代人は趣味や嗜好が多様化し、昔のような「大衆」はもはや存在しないとまで言われる。しかし、先の入社式の様子を見る限り、むしろその逆。実際、街で見かける就職活動中の大学生らも皆、コピーのように同じ服装と髪型をしている。

では、企業のほうがそれを望んでいるのかと言えば、「服装は自由に」と個性的な装いを推奨している。学生の側が自らそれを封じているのだ。

これはどういう現象なのか。

基本、皆、〝普通〟でいたいんだと思う。現代人は、他人から目立つことをあまり望んでいないのではないか。

例えば、下着の売れ筋商品に「大きな胸を小さく見せるブラ」というのがある。アパレルメーカーのワコールが2010年に発売し、大きな胸を小さく見せたい女性のニーズを開拓。今や一大マーケットへと成長した商品だ。

その発想の源は、1人の若手女性デザイナーだった。彼女は日頃から大きな胸にコンプレックスを抱いており、バストを抑えることで、服を着たときのシルエットを綺麗に見せたいと思っていた。実際、欧米ではミニマイザーといって豊かな胸を小さく見せるブラジャーのジャンルが確立しており、日本でも市場があるはずと、彼女は小さく見せるブラを試作した。

当初、商品化にあたり、会社側はニーズが少ないと難色を示したという。ところが――いざ売り出すと大ヒット。売れた要因は、人目に触れず買いやすいネット通販戦略と、「大きな胸を小さく見せるブラ」というストレートな商品名にあった。大きな胸にコンプレックスを抱く世の女性たちが、念願の〝第一歩〟を踏み出せたのだ。

それまでブラジャーといえば〝寄せて上げる〟に象徴される、大きく美しく見せる発想だった。ところが、同商品は〝抑えて美しく見せる〟――。考えてみれば、バストのサイズは千差万別で、標準サイズを求めるなら、大小両方からのアプローチがあっていいはず。実は巨乳信仰は誤りで、皆が求めていたのは標準サイズのバストだった。

そう、人は普通に一番憧れるのだ。

木のぬくもりに弱いワタシ

2013年12月にオープンした函館 蔦屋書店。
木を基調とした解放感のある空間は、来場者の心を落ち着かせる。

2013年12月、北海道は函館に蔦屋書店がオープンした。同じタイプとしては、代官山に続く2店舗目になる。

目を引くのは、その圧倒的な広さと、全体に〝木〟を基調としたデザインだ。2階建ての吹き抜け構造は解放感に満ち、木のオブジェがあったり、本物の暖炉があったり、テーブルや椅子が各所に配置されたりと、くつろげる空間になっている。もはやそこは、単に本を買いにくる場所ではない。人々は本棚の散策を楽しみ、コーヒーを飲み、友人らと語らう。いわば、〝本の森〟である。それにしても――なぜ人は木に囲まれた空間に身を置くと、ぬくもりを感じるのだろうか。

そういえば、近年、欧米を中心に木造建築が見直されていると聞く。ストックホルムの住宅設計コンペでは、34階建ての木造高層マンションが提案されたという。実現すれば、2009年にロンドンに完成した9階建ての木造高層ビル「マレイ・グローヴ」の記録を大幅に上回る。ほかにも、カナダのバンクーバーやアメリカのシカゴでも30階建ての木造高層ビルの計画があり、今や木造建築は世界的なトレンドになっている。

その背景を建築家たちは環境問題と語るが（木造だと鋼鉄やコンクリートに比べて二酸化炭素の排出量が少なく、建築廃棄物も大幅に減る）、理由はそれだけだろうか。そこで働き、暮らす人々が木にぬくもりを感じるなどの〝心的効果〟もあるのではないだろうか。

一旦、話を変える。僕ら人類がチンパンジーと袂を分かったのは、今からおよそ500万年前である。場所は中央アフリカ。気候変動で森が減り、僕らの祖先は木から降りて草原に進出した。一方、チンパンジーの祖先はそのまま森にとどまった。だが、新天地は希望にあふれてはいなかった。草原は森に比べて肉食動物に襲われる危険があり、また豊富な果物が年中食べられる木の上と違い、食べることもままならなかった。

そこで人類は二足歩行へ進化した。そして余った手で道具を使い、体が直立したことで喉の構造が変化し、声を獲得した。道具と言葉。以後、その二つを武器に人類は飛躍的な進化を遂げ、現在に至る。

つまり――人類の進化は草原における〝危機感〟が生んだもの。僕らが木に囲まれた空間にぬくもりを感じるのは、遥か遠い祖先が暮らした安楽の地、森への郷愁のDNAによるものかもしれない。

〝10分〟なら独占を許せるワタシ

それは、たった10分で本格的生麺ができる魔法の機械。
10分なら、人は“エントリー時間”として独占を許すのだ。

情報デザインの権威、リチャード・S・ワーマンは名著『情報選択の時代』の中で、こんなことを述べている。「毎週発行される1冊の『ニューヨーク・タイムズ』には、17世紀の英国を生きた平均的な人が、一生の間に出会うよりもたくさんの情報がつまっている」。

そう、現代人は情報の洪水の中で生きている。買い物一つとっても現代は膨大な選択肢がある。とはいえ、人が使える時間は昔と変わらず1日24時間。商品を売る側にしてみれば、その選択肢に入れてもらうだけでも大変だ。それは、限られたスペースのコンビニの棚に商品を置いてもらうようなものである。

例えば今、テレビ界は「ドラマ冬の時代」と呼ばれ、低視聴率に苦しんでいる。だが、そもそもこの情報化時代の中、60分間、視聴者をテレビの前にしばりつけておくのは容易じゃない。彼らの手元にはスマホやタブレット端末があり、常に誘惑が待ち受けている。バラエティなら、ながら見でもいいが、ある程度集中しないといけないドラマだと、これが致命傷になる。結局、彼らはスマホに浮気して話が頭に入らず、次週から脱落する。

ホイチョイ・プロダクションズの馬場康夫さんが唱える理論に「高級エンターテインメントにおける10分1000円の法則」がある。例えば、レストランで2時間食事して1万2000円なら、納得して払える金額ということ。ミュージカルや芝居も大体2時間で1万2000円。マッサージなら60分で6000円。床屋だと平均して40分で4000円。逆に言えば、10分1000円を支払うだけの価値がないと判断したら、人はそれを選ばないということ。

「ドラマ冬の時代」とは、要はそのドラマに視聴者を60分間、惹き付けておくだけの魅力に欠けるということだ。

さて、2014年のヒット商品にフィリップスの「ヌードルメーカー」がある。うどんやそば、パスタなどの本格的生麺が、材料からわずか10分でできる優れもの。ヒットの要因は、この〝10分〟という短い尺にある。

先にも説明した通り、今の時代、人の時間を独占するのは大変だ。常にスマホなどの誘惑が待ち受けている。だが、一つの行動が10分以内で済むなら、それは〝エントリー時間〟として許容できる範囲にある。10分なら、人は独占を許してしまうのだ。

ドラマ冬の時代の今、例外的にNHKの朝ドラが好調なのも、その短い尺に理由があるのかもしれない。

オプションに弱いワタシ

一から揃える必要がないので、子どもにせがまれると、母親の財布の紐も緩んでしまう。
二つの車両がすれ違う様子は圧巻だ。

アメリカの伝説的マーケッターのジョセフ・シュガーマンが唱える購買理論に「一貫性の原理」なるものがある。ひとたび、購入決定をしたお客は〝ついで買い〟に弱いという話である。

例えば、ベテランの自動車セールスマンがお客と契約を交わし、今まさに車を引き渡そうと席を立つ時、こうお客に問いかけることがあるという。

「え〜っと、オプションのフロアマットはお付けになりますか?」

いったん買うと決めたお客は、彼の追加オプションの提案に、気安く応じることが多いとか。契約に至るまで、あれほど強固に値引きを要求し続けていたのに、である。

これがシュガーマンの唱える「一貫性の原理」。つまり、ゼロから買わせるのは大変だが、一旦購入を決めたお客にオプションを勧めて買わせるのはそれほど難しくないということ。

さて、話は変わって、玩具メーカーのタカラトミーから2011年の秋に発売され、大ヒットした商品に「プラレールアドバンス」なるものがある。1959年の発売以来、50年以上も子どもたちに親しまれてきた、あの有名な電車遊具「プラレール」の派生商品だ。

その特徴は、プラレールの既存のレールをそのまま使用し、単線仕様だったものを複線仕様に変えたこと。つまり、一つの車両が二つの溝を走っていたところを、片側の溝だけを使って一つの車両が走れるようにした。そのために、車両を小型化する研究に相当な時間と労力を要したという。それはミリ単位の攻防だったと聞く。

だが、そんな苦労の末に完成したプラレールアドバンスは、フォルムのバランスが実物により近づくという副産物を産み、さらに二つの車両がすれ違うという新たな楽しみも加わった。何より売れた一番の理由は、それまでプラレールを持っていた家庭が、同商品を「オプション」と認識したことにあった。一からレールを揃えなくても、車両を買い足すだけでいいからだ。

そう、これもシュガーマンの「一貫性の原理」と同じ。もし、プラレールアドバンスをレールから新たに開発していたら、サイズを自由に設定できるので、そんなに苦労はなかったかもしれない。だが、ミリ単位の苦労をしてまで既存のレールにこだわったからこそ、世のお母さんたちの財布の紐が緩んだのである。

まとめ

本能

ここで扱った「本能」とは、食べる・寝る・恋をする……といった人間の根源的な欲求から、さらに一歩踏み込んだもの。ちょっと背伸びをしたり、〝普通〟を好んだり、黒色に高級感を抱いたりするような感覚。アップル製品のように、マニュアルなしでも自然と操れる感覚——そんな人間本来の〝直感〟にアプローチすると、彼らは落ちる。

“買う5秒前”の心理②

ソーシャル

SNSの持つ性質を利用して、
人の購買動機に訴え、売れたシーンを分析。

新商品・サービス企画のヒント

購買動機「ソーシャル」を刺激する企画づくりで、知っておきたい消費者インサイト。

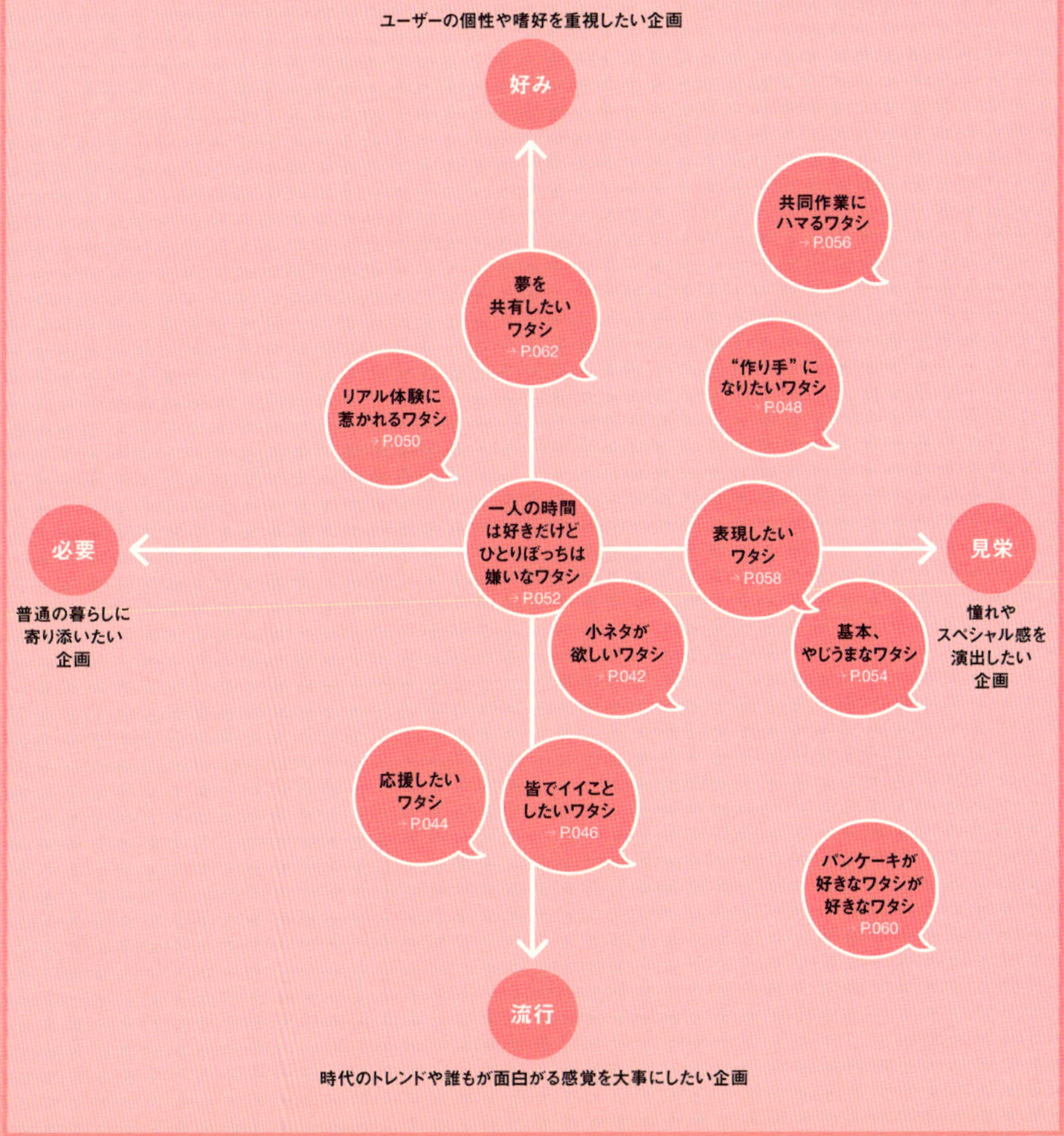

小ネタが欲しいワタシ

ブロガーたちにとって「ものを買う」基準とは、それが好きかどうかではなく、ブログに載せて面白いかどうかである。

ツイッターやフェイスブックなどが登場する前、ネット好きの人たちがこぞって利用したのがブログだった。眞鍋かをりが「ブログの女王」と呼ばれたり、大相撲の普天王が「ブログ力士」と呼ばれた、あの時代――。

当時の総務省の情報通信政策研究所の調査によると、日本国内のブログ数は2004年から急増して、2008年1月時点で約1690万。

その後、2010年代になるとSNSが普及して、一時ブログは勢いを落とすが、最近またブログが盛り返しているという。要は、様々なSNSを試した結果、やっぱりブログが一番自分の性に合うと思う人たちが戻ってきたということ。定期的に何か情報を発信するツールとしては、一番使い勝手がいいのかもしれない。

では、そんな彼らは一体、何を毎日書いているのか？

芸能人でもないから、そう毎日、新鮮な話題があるわけでもない。かと言って、趣味の成果を発表するわけでもない。そういうのは、もっと年配のブロガーに多い。じゃあ、ケータイ小説？　いや、それも3日で飽きてしまった。

そう、若い人たちがブログに書くネタ――それは大抵、日々の「お買い物」情報だ。話題のお菓子、ファストファッションの店で買ったスカート、行列店で食べたランチ、LINEの新しいスタンプ、etc。

ただし、購入した商品なら何でもいいわけじゃない。彼らなりにニュースバリュー……要は情報性がないと載せられない。ミスタードーナツで買ったスタンダードなドーナツは載せられないけど、プランタン銀座で買った新種のドーナツなら載せられるという具合。要はネタとして面白いかどうかである。そうなると、いつしか彼らは日々の買い物も「それ、ブログに載せて面白いか？」目線で選ぶようになる。もはや自分の嗜好よりも、ネタとして面白いほうを優先する。

本末転倒だ。

本当は、カルビーのスタンダードなポテトチップスが大好きなんだけど、それじゃ平凡すぎてブログに載せられないから、油分72%カットの「ポテかるっ」を購入し、画像を添付して、感想を書いてしまう――。

そう、彼らは常に「小ネタ」を探している。もはやブログのために品物を購入していると言っても過言じゃない。大事なのは、それがネタとして面白いかどうか。自分の好みは二の次、いや、三の次なのだ。

応援したいワタシ

当時、福島県産農産物は風評被害に苦しんでいたが、
「震災復興」フェアを開催したところ、入場制限がかかる盛況ぶり。

2011年3月11日、午後2時46分。マグニチュード9・0の大地震が日本列島を襲った。そう、東日本大震災である。

東北や北関東の沿岸部は津波による壊滅的な被害を受け、中でも福島県双葉郡にある福島第一原子力発電所が受けた被害は深刻だった。〝放射能漏れ〟という未曽有の原発事故を引き起こしたのだ。

当時、政府や東電は事態の収束に当たったが、被害は原発の周辺に暮らす人々にとどまらなかった。「福島県産」というだけで農産物が売れない、いわゆる風評被害に苦しむ農家の人たちもそうだった。ちゃんと国が定める検査に合格し、安全だとお墨付きをもらったのにもかかわらず、福島県産というだけで市場から敬遠されたのだ。

まぁ、当時の消費者の気持ちに立てば、スーパーの棚に福島県産とそのほかの産地の野菜や牛乳が並んでいれば、つい福島県産以外の方を選んでしまうのは、分からぬ話ではない。「自分一人くらいは……」という軽い気持ちが働いたのだろう。

でも、塵も積もれば山となる。皆がそういう安易な行動をとれば、福島県の農家の人たちの暮らしは成り立たなくなる。

そこで、発想の転換である。

幸い、僕ら日本人は集団になると、悩み苦しむ人々をいたわりたいという良心が働く。未曽有の大震災の後遺症に苦しむ被災者がいたら、皆で助けようという気持ちが働く。そう、ならばそんな彼らに、逆に「福島県産」をアピールするのだ。

実際、こんなことがあった。

震災から1カ月後の2011年4月初旬、東京都中央区にあるアンテナショップ「福島県八重洲観光交流館」で、福島県産の青果物フェアが催されたのだ。すると――大勢の買い物客が訪れ、入場制限がかかるほどの盛況ぶりだったのである。

普段の買い物では、つい福島県産の野菜を避けてしまう彼らも、ひとたび〝支援モード〟に入れば、逆に福島県産の野菜に手を伸ばさずにはいられないようになったのだ。

要は、消費者の購買動機はさまざま。その中の一つ「応援したいキモチ」にアプローチすれば、必ずや彼らは応えてくれるということ。

消費者は、まだまだ捨てたものじゃない。

皆でイイこと したいワタシ

誰かのキリ番ゲットのために、皆がマイカップを持参する。
ソーシャルな目標のためには、皆で盛り上がる仕掛けが効果的。

「エコ」という言葉が使われるようになって久しい。

正直、あの「3・11」以前は、その言葉にファッションの延長のような響きがあった感は否めない。しかし、今や僕らは極めて現実的にエコについて考えている。企業もエコや節約に関して、いかに消費者のニーズに的確に応えられるか否かが、生き残る鍵と言っても過言ではない。

例えば、スターバックス。2010年、同社はマイカップの使用を促す国際的なアイデアコンペを実施した。背景には、北米では毎年、580億個の紙コップが廃棄され、そのために2000万本の木と120億ガロンの大量の水が使われている由々しき事態があった。

世界中から多くのアイデアが寄せられた。例えば、紙コップを紙よりも環境に優しい素材に変えるとか、マイカップを携帯しやすくする折り畳みのアイデアとか、マイカップを使うことでポイント制にするなどなど……。だが、その中で優勝したアイデアは、一風変わったコンセプトのものだった。

それは、こう呼ばれた。――「問題を分かち合い、報酬も分かち合おう」。

こういうシステムだ。お客がマイカップを持参すると、店のスタッフはその都度、黒板にチェックを記入する。そして10人目や20人目などのキリ番になった人は、飲み物が無料になるというもの。

シンプルだ。だが、このアイデアには、ほかと大きく異なる点が一つあった。それは〝皆で一つの目標に向かってチャレンジする〟こと。普通、インセンティブ系の仕掛けは、ポイントや割引など、個人に還元されるもの。対して、このアイデアは、自分が得するとは限らない。だが、そこに新たな視点があった。

〝ソーシャル〟だ。紙コップの削減に協力する姿勢は、社会貢献、ソーシャルな活動だ。本来なら、それと個人のインセンティブとは性格を異にするはずである。そこに従来までの発想の限界があった。

それに対し、この優勝したアイデアは、ソーシャルな目標に対して、まさにソーシャルな姿勢で臨む。そう、ベクトルが一致するのだ。社会貢献のために、自分は駒の一つとなって社会に身を捧げる。しかも、そこにある種の心地良ささえ生まれる。

皆でイイことをする――新しい時代のインセンティブの形である。

〝作り手〟になりたいワタシ

ファンの中には、何十枚とCDを購入した者も少なくなかった。
「選抜メンバーを決める」大役を任され、発奮したのである。

かつて、TBSに『ザ・ベストテン』という伝説的歌番組があったのを覚えているだろうか。最高視聴率は41・9％。その成功の要因は、生放送の臨場感と、徹底したデータに基づいたランキング方式にあった。

それまでの歌番組は、出場歌手はプロデューサーの裁量で決められていた。誰をキャスティングするかは、番組側の腕の見せ所。それに対して『ザ・ベストテン』は、レコード、全国のラジオ局、有線放送、視聴者からのハガキのリクエストの四つのデータを集計し、総合ランキングを算出した。中でも一番の盛り上がりを見せたのが、ハガキによるリクエストだった。視聴者は自分が推す歌手を番組に出場させるべく、ハガキを送り続けた。毎週、番組に届くハガキの数は20万枚にもおよんだという。実際、そんな視聴者の熱い思いが、当時「歌番組には出ない」と宣言していた松山千春を出演へと導いたこともあった。

さて、時代は変わって、2011年6月9日。3回目となる、AKB48の「選抜総選挙」の開票イベントが日本武道館で行われた。

それは、CD「Everyday、カチューシャ」を購入すれば、中にシリアルナンバーカードが同封されており、それを携帯かパソコンに入力して、好きなメンバーに投票すると、得票数の上位21人が次回シングルの選抜メンバーになれるというもの。結果は——1位から40位までの投票総数は108万1332票。CDは145万枚を売り上げるミリオンヒット。総選挙は大成功だった。

なぜ、これほど盛り上がったのか。

本来、プロデューサーの秋元康さんがやるべき〝キャスティング〟の仕事をファンに委ねたからである。仕事を任されたファンたちは、自らが推すメンバーを〝選抜〟に送り込むべく、大いに発奮した。

そう、お客は受身ばかりじゃなく、時には〝作り手〟の側に回りたいもの。実際、そんなAKB48の手法に触発されたのか、昨今、この種のユーザー参加型のプロモーションの事例が増えている。

例えば、ロッテは「懐かしのチューインガム総選挙」、ミスタードーナツは「大復刻祭」、日清食品は「歴代カップヌードル復活総選挙」——いずれもユーザーに投票を促し、得票上位の商品を復刻発売するというもの。ネット等で大いに話題となった。

客も、時には作り手になりたいのだ。

リアル体験に惹かれるワタシ

人は他人のリアル体験のつぶやきに弱い。
そこに希少価値があり、面白そうなら、もう居ても立ってもいられなくなる。

時は2012年の3月下旬。東急百貨店の渋谷駅・東横店で、お笑い芸人の寺門ジモンがプロデュースする「夢のウマすぎグルメ祭」が催された。

同イベントは前年に好評を博し、2回目の開催だった。芸能界屈指の食通のジモンが自らの足と舌で選んだ店が出店しているだけに、テレビや雑誌などのマスメディアも注目し、開催前から大いに話題になった。

それもそのはず、出店する店の数々は、普段はこの種の催しには参加しない名店ばかり。焼肉の「スタミナ苑」をはじめ、もんじゃ焼きの「大木屋」、ミシュラン3つ星の鮨屋「あら輝」etc。案の定、初日から多くのお客が押し寄せた。平日にもかかわらず、なんと前年の初日の10倍にあたる、1万4000人もの来場者。注目のイベントだけに、皆、開催を待ちわびていたのだ。

ところが、である。結果的には、それでも初日が一番すいていたのだ。同イベントは日が経つごとに来場者が増え続け、連日、行列の嵐。大盛況のうちに一週間の会期を終えたのである。

それにしても——開催前から注目を浴び、各媒体で散々紹介されたイベントなのに、それでも初日が〝穴〟だったのはなぜだろう。

口コミだ。ツイッターやフェイスブック、ブログなどのSNSを介して、会場を訪れた人たちのリアルな感想を見て、居ても立ってもいられなくなった人たちが2日目、3日目と押し寄せたからである。

そう、どんなに事前にマスメディア等で盛り上げたところで、実際に現地に足を運んだ人たちの〝リアル体験〟のつぶやきにはかなわない。ツイッターで「ジモンのイベントで肉なう！」とつぶやかれて、写真がアップされた日には、大抵の人は心が揺らぐ。タイムラインで何人もの同様のコメントを見させられた日には、もう居ても立ってもいられなくなる。

俗に「百聞は一見に如かず」と言うが、さしずめ現代のSNS社会は「百聞は一リアルに如かず」——ではないだろうか。

どんなに事前に広告やプロモーションなどで、そのイベントや商品発売を知らされたとしても、結局、消費者の心を動かし、重い腰を上げさせるのは、他人のリアル体験の口コミなのだ。それが面白そうであればあるほど、俄然、行動力は高まるのだ。

一人の時間は好きだけどひとりぼっちは嫌いなワタシ

部屋で一人まったり過ごす時間は好きだけど、ひとりぼっちはイヤ——
LINEはそんな欲求を簡単に満たしてくれる。

ざっくり言えば、人類のライフスタイルは「個」へと向かっている。

例えば、テレビの歴史は街頭テレビに始まり、その後お茶の間で家族みんなで楽しむものとなり、今や個人がノートパソコンやタブレット端末など好きなデバイスを使って接触するメディアになった。電話も隣近所にある固定電話をみんなで借りて使っていた時代から、一家に一台の時代を経て、今や携帯電話とＰＨＳを合わせた加入件数は日本の総人口を上回るほど。

サービス業も同様だ。近年、お一人様レストランが常態化し、一人カラオケを売りにする店も出てきて、エステを楽しむ女性の一人客向けのホテルプランも人気と、サービス業のターゲットは確実にシングル客へと向かっている。

社会学的に見れば、これらの傾向は社会が成熟した証しである。かつて人類は集団を形成することで食料を確保し、外敵から身を守り、まつりごとで秩序を保った。しかし今や、それら「地縁」「血縁」「社縁」に頼らなくても、個人で生きていける時代なのだ。良くも悪くも「無縁社会」というワケ。身近なところでは、かつては全員参加が義務付けられた社員旅行は、今や風前の灯火。そんなことに使うお金と時間があれば、一人で好きな映画でも見ていたい――と考えているのはあなただけじゃない。

そう、僕らは基本、「一人の時間」が好きなのだ。できることなら、他人の干渉を受けず、自分のペースで毎日を過ごしたいと思っている。

さて、話は変わって、近年、あっという間に爆発的に普及したＳＮＳに「ＬＩＮＥ」がある。２０１１年６月に登場して、今や世界の登録ユーザー数は５億人。人気の秘密は、個性的なキャラクターの画像スタンプが使える、そのビジュアルコミュニケーションにある。最小限のテキストでやりとりできる〝テンポ感〟や、微妙な心理状態を代弁してくれる〝感情的つながり〟が、たちまち若者たちの心をとらえたのだ。

そう、そんなＬＩＮＥに象徴されるように、僕らは一人の時間が好きと言いながら、その一方では「気の合う仲間たちと常につながっていたい」と思っている。互いに過度に干渉し合うことなく、ほどよい距離感で、自分のペースで――。

つまり、〝一人の時間〟は好きだけど、〝ひとりぼっち〟は嫌いなのだ。

基本、やじうまなワタシ

客の中には、その“騒動”を楽しむ空気すらあった。
どんなバーガーが出てくるか、ワクワクしながら60秒を数えたのだ。

近年、SNSを使った様々なプロモーションが試される中、大胆な手法で話題になった事例に、2011年の「カンヌライオンズ」でグランプリを受賞したルーマニアのチョコレート「ROM」のプロモーションがある。

こんな内容だ。パッケージにルーマニア国旗を使用したROMは長らく国民的菓子として親しまれてきたが、近年、若者たちから「ダサい」と避けられていた。そこで、「ならば若者がクールと感じるアメリカ国旗のデザインに変える」と宣言し、パッケージを一新する。

ところが——これに世論が猛反発。フェイスブックやツイッターなどで抗議運動が広がり、テレビのニュース番組でも議論の的になった。そのあまりの反発に、ROMは一夜にして前言を撤回。元のルーマニア国旗に戻すと発表したところ、世論は大喝采。結果的に同社はチョコレート市場で再びトップブランドに返り咲いたのである。

なんのことはない。全てシナリオ通り。いわゆる炎上マーケティングを逆手にとったプロモーションだった。

さて、話は変わって、日本マクドナルドが2013年1月に期間限定で実施したキャンペーンに「ENJOY!60秒サービス」なるものがあった。会計を終えてから60秒以内に商品を渡すというキャンペーンだ。カウンター上には砂時計が置かれ、時間がオーバーしたらビッグマックなどの無料券がもらえるルールだった。

これが思わぬ騒動を巻き起こす。「60秒に間に合わせようとするあまり、商品が大変なことになっている!」と、次々に醜いバーガーの画像がSNS上にアップされたのだ。チーズがはみ出ているもの、パティが抜けているもの……中にはレタスが丸ごと入っていたりと、明らかなネタ画像もあったり、とにかく批判の大合唱だった。ところが——。

「どんな醜いバーガーが出てくるか、ちょっと行ってみる」——そんなやじうま客が店に殺到し、結果的に同キャンペーンは来客促進に役立ったのである。実際、批判している人たちも、どこかネタとして楽しんでいる向きすらあった。要するに、彼らは話題の騒動に群がりたかっただけ。火事のやじうまの心理と同じで、大変だ大変だと言いつつ、どこか他人事。この一件も、先のルーマニアの例と同様、話題喚起という点では成功だった。

そう、好きの反対は嫌いではなく、無関心。良くも悪くもマーケットの反応があれば、商品が安全なら、それはそれで悪くない話なのだ。

共同作業に
ハマるワタシ

皆の思いが一つになって、好きな名画のメジャーな劇場上映が決まる。
そのプロセスに人はハマる。

突然だが、「ドリパス」というウェブサービスをご存知だろうか。ユーザーがスクリーンで見たい懐かしの名画をリクエストし、賛同者が一定数集まれば、運営側が劇場と上映交渉を開始する。そしてサイト内で仮のチケットが販売され、期限内に購入者が一定数を超えると、晴れて正式に上映されるサービスだ。

このサービスの魅力は、懐かしの名画を普通に新作が封切られるシネコンなどのメジャーな劇場で見られるところ。例えば、これまでテレビでしか見たことがなかった『ルパン三世カリオストロの城』が、新宿バルト9の大スクリーンで見られたりするのだ。

2010年にサービスが始まり、今では毎月10本ほどの作品が上映される。いわゆるギャザリング（共同購入）と呼ばれるシステムで、同種のサービスはレストランや出版分野にも見られるが、ドリパスが画期的なのは、リクエストから上映までのプロセスが可視化されており、ゲーミフィケーション的に楽しめること。ユーザーたちは掲示板で「あと10人でランキングが一つ上がる！」などと賛同者へ呼びかけ、リアルタイムで盛り上がるのだ。

一旦話を変える。「日経ビジネスONLINE」にこんな記事があった。「TDR、3時間でミッキーを育てる“魔法”」――それは、東京ディズニーリゾートを運営するオリエンタルランドで行われる新人キャストたちへの研修初日のプログラムを紹介したものだった。

50人ほどの参加者は4、5人ずつのグループに分けられ、まず1分間でいくつディズニーのキャラクターを挙げられるかのグループ対抗戦が行われる。

講師から「101匹わんちゃん、3匹の子豚を挙げても、キャラクターとしてのカウントは一つですよ」などの定番のジョークも発せられ、楽しい雰囲気の中、多いところは20前後のキャラクターを挙げるグループもあるとか。その数字はオリエンタルランドの広報マンでもそらんじるのは困難という難易度だ。このゲームの神髄は、優勝グループへの表彰後に講師が語る、この言葉に凝縮される。

「これが一人だったら、いくつのキャラクターを挙げられましたか」。

そう、人は元来、共同作業が好き。そして一人ではなし得ないことも、皆が協力し合うことで、実力以上の成果を発揮する。

ドリパスがやっていることも、まさにそこなのだ。

表現したい
ワタシ

公式動画では、企業や自治体のスタッフたちが楽しそうに踊る様子が見られる。
みんな表現したいのだ。

先日、某劇場の支配人がこう嘆いていた。「最近は表現したい人がたくさんいて、それを見たい人が全然いない時代」。

そう、今はSNSなどで誰もが表現者になれる時代。一度、その楽しみに目覚めた彼らは、以前のように一観客でいることに満足しない。結果、いわゆる目利きと呼ばれるお客が減り、相対的に演者も評価される機会が減るという悪循環――。

だが、そんな風潮を逆手にとって大成功したケースもある。AKB48の「恋するフォーチュンクッキー」がそう。

かの曲、2013年6月に行われたAKB48グループの「選抜総選挙」で、HKT48の指原莉乃が1位を獲得し、彼女をセンターに同年8月21日に発売されたシングルである。発売週に早々にミリオンを達成し、彼女たちの19枚目の1位となった。ここまでの流れはいつもの通り。同グループのシングルはいわゆる〝握手会〟商法。CDには初回特典として握手券が同封され、ファンたちは自分の推しメンと何回も握手したいがために、同じCDを何枚も買う。だから発売週に爆発的に売れるが、収束も早い。1カ月もすれば、メディアの露出も激減する。

だが、「恋する～」は違った。発売から3カ月、いや半年が経過してもコンスタントに売れ続けたのだ。背景に、YouTubeの一連のコラボレーション動画が果たした役割は少なくなかった。同曲は、プロモーションとして異例の戦略を実施した。それは、企業や自治体に呼び掛け、「恋するフォーチュンクッキー」に合わせて踊る動画を自主制作すれば、AKB公式YouTubeに「公式動画」として採用するというもの。

その70年代ディスコミュージックを彷彿させるスローなダンスが踊りやすいこともあり、これが当たった。佐賀県庁やサマンサタバサ、日本交通やサイバーエージェントなどの自治体や企業が続々とエントリー。これが100万回を超す再生を記録し、それがまた評判を呼ぶなどして、コラボの立候補は発売翌年まで続いた。

成功の要因は「公式動画」にあった。今は皆が表現者になりたい時代。とはいえ、観客がいないと張り合いがない。これが公式動画だとアクセスが一気に増え、〝見られる〟快感に浸れるのだ。

例えて言えば、ハロウィンの日の夜、仮装して渋谷のスクランブル交差点に繰り出すようなものである。

パンケーキが好きなワタシが好きなワタシ

彼女たちは念願のパンケーキを前にSNSで発信する。
「パンケーキが好きなワタシ」をアピールしたいのだ。

気が付けば、パンケーキのブームも2015年で6年目に入る。

ブームの発端は2010年、原宿にハワイ生まれのカフェレストラン「エッグスンシングス」がオープンしてからである。看板メニューのパンケーキに連日大行列。それを機に、〝世界一の朝食〟と評されるオーストラリア生まれの「ビルズ」や〝NYの朝食の女王〟「サラベス」、さらには〝ハワイで一番おいしい朝食〟と謳われる「カフェ・カイラ」などの海外の有名パンケーキショップが続々と日本に進出。気が付けば、原宿や表参道一帯は一大パンケーキゾーンとなった。

なぜ、これほどまでにパンケーキは女性たちの支持を得ることができたのか。

一つ言えるのは、彼女たちはパンケーキが好きなのには違いないが、むしろ「パンケーキが好きなワタシ」でいることが心地良いのではないだろうか。

興味深いのは、パンケーキのブームが、ちょうど、ツイッターやフェイスブックなどのSNSの隆盛と時期がリンクしていること。彼女たちは訪れた店でパンケーキの写真を撮り、コメント付きでSNSで発信する。それはあたかも「こんなステキなランチを楽しむ、趣味のいいワタシ」を周囲にアピールしたいかのようにも見える。

それまでも、スイーツでブームになったものに、古くはティラミスからパンナコッタ、ナタ・デ・ココなど様々なものがあったが、ブームはせいぜい1、2年。対して、パンケーキがここまで長く支持されるのは、店によってアレンジが異なり、バリエーションが豊富ということもあるだろうが、最大の理由は、「パンケーキが好きなワタシ」でいることが心地良いからではないだろうか。

何も、この現象はパンケーキに限らない。例えば、最近は女性たちが好きな俳優を挙げる時、よく西島秀俊（先日、結婚しちゃったけど）や綾野剛の名前を聞くが、それは彼らが素晴らしい役者であるからには違いないが、「西島秀俊が好きなワタシ」でいるのが何より心地良い側面も多分にあるのではないだろうか。SNSが絡むと、特にその傾向は強まる。

今は商品の魅力だけでなく、消費者がそれを好む図式まで含めて、魅力的に見えることが求められる。あなたの会社の商品は、積極的に外に向かって「好き」と言いたくなる商品だろうか。

夢を共有したいワタシ

集まったパトロンの数1737人は、日本におけるクラウドファンディングの新記録だった。
皆、夢を共有したいのだ。

人類の貨幣の歴史は4500年前の古代メソポタミアに始まると言われる。当時の貨幣は銀。東西文明が交わるかの地で、人々は銀を介して様々な物品を購入したという。以来、人類は今日まで「買う」という行動を謳歌している。だが、長い年月を経るうち、次第にそのマインドは多様化していった。

例えば、2014年版から『ミシュランガイド東京』に「ビブグルマン」なる新たな評価が加わった。星は付かないが、5000円以下で食べられるお薦めの店である。フランス語でいうところの「キャリテ・エ・プリ」。コストパフォーマンスに優れた店という意味だ。それは単なるリーズナブルとは違う。価格と料理のバランスに優れた賢い選択という意味合いを持つ。美食を求めるマインドも、かように細分化しているという表れである。

さて――渋谷の道玄坂を6、7分ほど上がったところに、「森の図書室」なるバーがある。いや、正確に言えば、その名の通り図書室である。店内には3000冊もの蔵書。本が読めるのはもちろん、DJブースでは音楽がかかり、アルコールも楽しめる。2014年7月1日のオープン以来、本好きの客で盛況という。

実はこの店、その成り立ちが少々変わっている。日本ではあまり例がない「クラウドファンディング」で開店資金を調達したのだ。群集（クラウド）から資金を集める（ファンディング）ので、クラウドファンディング。

オーナーの森俊介さんは、子どもの頃から自分の図書館をつくるのが夢だったそう。その思いは年々強くなり、遂に一念発起。それは、渋谷に行ったときに気軽に立ち寄れる、仕事帰りでも立ち寄れる大人の図書館をつくること。だが、資金がなかった。

そこで選んだ道が、自分の夢を語り、インターネットを通してパトロンを集めるクラウドファンディング。負担の少ない500円から出資できて、リターンとして会員権や一日店長など様々なサービスが受けられるというもの。目標は10万円だった。ところが――なんと蓋を開けたら、集まったパトロンは1737人、支援総額は実に953万円と大盛り上がり。

消費マインドが多様化する現代、他人の夢に共感したり、皆で一つの目的に向かって盛り上がったり――もはや、そんなお金の使い方は珍しくない。

皆、お金で買える身近な〝夢〟を探しているのだ。

まとめ

ソーシャル

ネット、特にSNSの普及で、それまでの時代と最も大きく変わった点は、彼らはもう〝一人〟じゃないってこと。ソーシャルには、いつも誰かとつながっている。そして、以前は受け身一辺倒だった彼らは、ソーシャルを通じて、いつでも表現したり、発信できる術を身に付けた。その辺りのココロを刺激すると、彼らは乗ってくる。

“買う5秒前”の心理③

逆張り

あえて世間の波に乗らず
面白いことを仕掛けて売れたシーンを分析。

新商品・サービス企画のヒント

購買動機「逆張り」を刺激する企画づくりで、知っておきたい消費者インサイト。

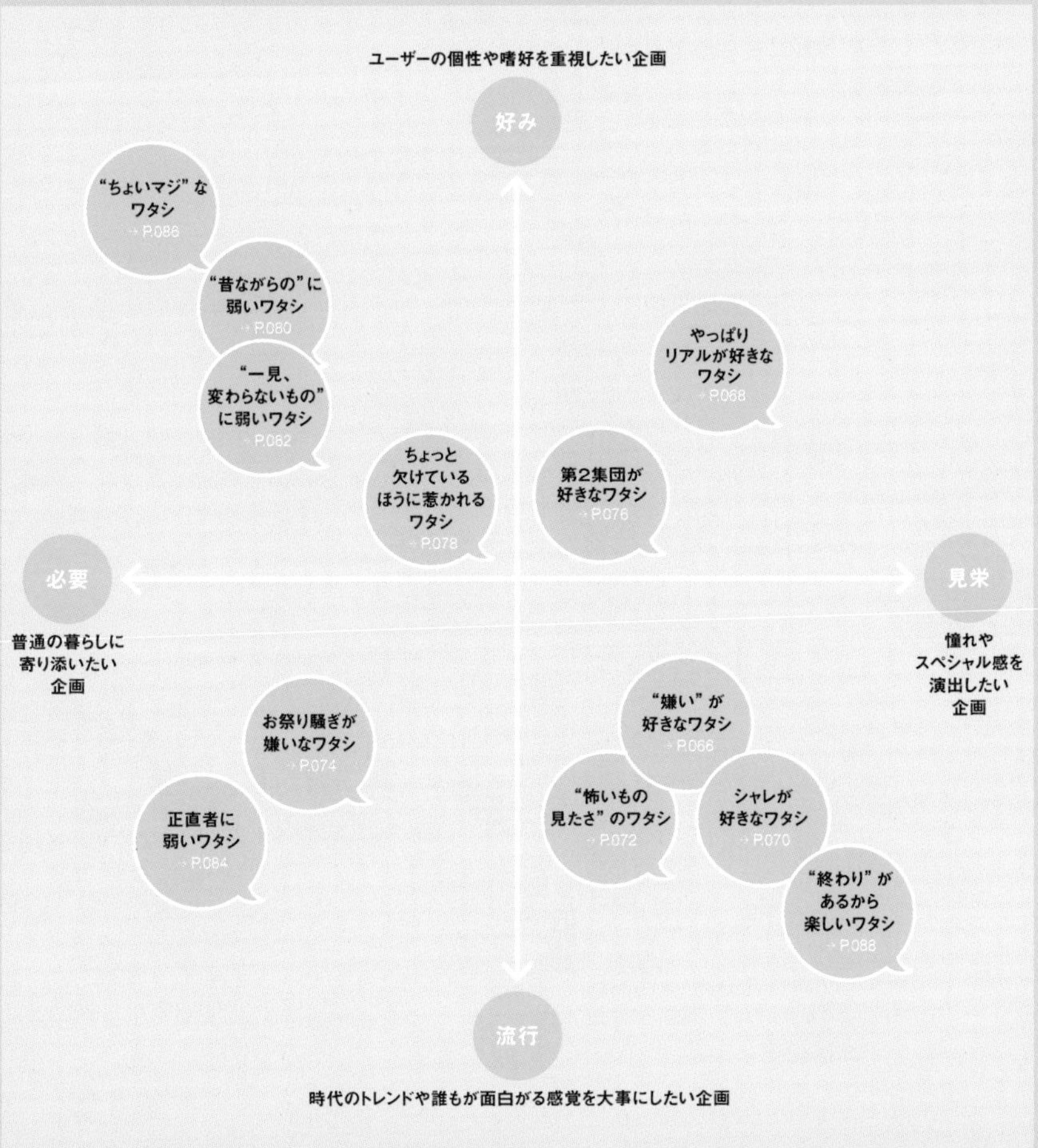

〝嫌い〟が好きなワタシ

奈良県だけでなく全国から不評を買った「せんとくん」だが、過剰報道で逆に知名度は上昇。「嫌い嫌いも好きのうち」だ。

2010年、奈良県では1年間にわたり、「平城遷都1300年祭」が行われた。マスコットキャラクターはかつて物議を醸した、あの「せんとくん」である。

彼が生まれたのはその2年前の2008年。だが、発表直後から同キャラクターには思わぬ批判が寄せられる。

その理由は、まず、デザインを一般から公募せず、専門家のコンペ方式にしたこと。選考過程がオープンでなかったこと。制作者である彫刻家の籔内佐斗司氏に多額の謝礼金が支払われたこと。デザインが仏様に角が生えたようで、仏教界が不謹慎であるとコメントしたこと――etc。

批判の嵐は奈良県内にとどまらず、全国に波及した。奇しくも、滋賀県彦根市のマスコットキャラクター「ひこにゃん」が火付け役となり、全国の地方自治体にゆるキャラブームが拡大し始めたころ。せんとくんの特異なデザインはよくも悪くもインパクト大。「生理的に受け付けない」とする批判も少なくなかった。

ところが、である。

マスコミがこぞって批判騒動を報じる度に、せんとくんの知名度は逆に上昇。ある研究機関は、その間の宣伝効果を広告料に換算して、約15億円と試算した。

結局、奈良県はせんとくんを当初の予定通り使用すると発表する。

その措置に、反対派たちによって「まんとくん」や「なーむくん」といった対抗キャラクターが作られるが、いかんせん知名度は到底かなわず。しかも時間が経つごとに、せんとくんは人気を回復。気がつくと、当初の平城遷都1300年祭を盛り上げる役割を十分に果たした上に、関連グッズの売り上げも好調。ライセンス料は40億円にも及んだのである。

あまりの影響に、翌年以降も奈良県は、せんとくんを県の観光キャラクターとして続投させる。皮肉な話だが、彼が当初からすんなりと県民に受け入れられていたら、ここまでの知名度と人気は獲得していなかっただろう。

そう、「嫌い嫌いも好きのうち」。

「好き」の反対は「嫌い」ではない。「無関心」だ。大相撲の元横綱・朝青龍やボクシング界の亀田兄弟にも言えることだけど、嫌われることもある種の才能。人気の指標の一つなのだ。

一番悲惨なのは、世間が何も関心を寄せなくなった時である。

やっぱりリアルが好きなワタシ

マンションを使った脱出ゲームは、その日、初めて顔を合わせた参加者が謎解きに挑む。
脱出の鍵はリアルなチームワークが握る。

数年前から、話題になっているイベントがある。

「リアル脱出ゲーム」だ。2007年に京都で生まれ、2008年に大阪、2009年には東京へと進出。今や全国各地で行われている。回を重ねるごとに口コミで参加者を増やし、2011年5月に東京ドームで行われたイベントでは、3日間で実に1万2250人を動員した。

断っておくが、有料の興行イベントだ。チケットは前売2800円と決して安くない。正直、大掛かりな仕掛けがあるわけでもない。暗号が書かれた数十枚のパネルが設置されている程度。基本、謎を解いて出口を探すシンプルなゲーム。テレビとタイアップしたわけでもない。

それなのに、なぜ、これほど盛り上がるのか。

一つは「難解さ」だろう。制限時間の1時間以内に解かなければならない謎は、大の大人がグループで解いても、なかなか正解にたどり着けないレベルである。そのため正解率は毎回10％程度。その高いハードルが参加者の挑戦欲をあおっている背景は確かにある。

事実、近年は「ホームズくん史上最強の難問」キャンペーンや、「FRISK QUIZ」キャンペーンなど、難解なクイズを絡める手法はネットやSNSなどで話題にもなりやすい。

もう一つは「リアル体験」の面白さだろう。近年、テレビゲームの進化が行き着くところまで行って、3DやWiiなど、よりリアルに体感できるものが定番になって、遂に一周して本物のリアルゲームへと原点回帰した感がある。なんとも皮肉な話である。

さて、そんなリアル脱出ゲームが、2011年夏を皮切りに常設型のイベントを開設した。マンションの一室で行われるそれは、参加者が閉じ込められたという設定。制限時間の1時間以内に、部屋の中に隠されたいくつかのヒントを見つけて解読すると、最終的にドアを開ける鍵の在処が分かるというもの。こちらもかなり難解。参加者は20代から30代の男女が中心だという。

これら全てのリアル脱出ゲームを企画・運営するのは、SCRAPという京都発祥の会社だ。同社の加藤隆生社長は、こう話す。

「僕らの資産は、謎を作るという知財です」。

今後、リアルを求めるマーケットはますます拡大していくだろう。ソーシャルメディアが活況を呈す中、人々はその反動だろうか、〝リアルなもの〟へと回帰している。

シャレが好きなワタシ

結局、中秋の名月に発表された「月面型の特製ボックス」はネットで大いに話題になった。
皆、その手のシャレが好きなのだ。

2011年8月末、宅配ピザチェーンを展開するドミノ・ピザ ジャパンが、「月面出店計画」を発表したのを覚えているだろうか。

同社のサイトには、月面店舗の完成イメージ図をはじめ、店員のストレス解消のための地球風景モニター付きのプライベートルームなど、詳細な店舗内の様子も紹介された。建設費用は1兆6700億円。ちゃんと前田建設に依頼した見積書も添付され、さらに本田技研工業に依頼した月面配達用の三輪バイク「月面ジャイロ」の完成イメージイラストも掲載された。

計画は発表されるや否や、フェイスブックやツイッターなどを通じて瞬く間に拡散する。多くのニュースサイトで紹介されたばかりでなく、「FOX NEWS」など海外のメディアでも取り上げられ、大いに話題になった。

しかし、発表から2週間後、同社のスコット・オルカー社長は計画の延期を発表する。理由は、通常2000円のドミノ・デラックス（Mサイズ）が、月面価格だと2億1800万円もの高額になるからというものだった。オルカー社長は代案として、「月面型の特製ボックス」を紹介する。奇しくもその日は「中秋の名月」であった――。

なんのことはない。全てシャレだ。

しかし、このキャンペーンを通じて同社は世間で話題となり、認知促進という本来の目的は達成された。そして、これが一番大事なことだけど、人々はそんなドミノ・ピザに怒るどころか、逆に〝シャレが好きな会社〟と好感度を上げたのだ。

思えば、2014年の「カンヌライオンズ」で、チタニウム&インテグレーテッドなど4部門のグランプリを獲得した英国の高級百貨店「ハーヴェイ・ニコルズ」のクリスマスキャンペーン「Sorry, I Spent It On Myself」も、痛烈にシャレの効いたものだった。

それは、家族へのクリスマスプレゼント代を自分のために使ってしまった人々のために、チープ過ぎるプレゼントを販売するという趣旨。実際にクリップや輪ゴム、つまようじといった低価格の商品ばかりをラインナップしたギフトコレクションは、発売から3日間で計2万6000点が完売したという。

昨今、モンスター消費者を恐れるあまり、無難なキャンペーンが増えつつある中、案外、人々は気の利いたシャレを求めているのだ。

“怖いもの見たさ”のワタシ

お客は気味が悪いと思いながらも、“怖いもの見たさ”の心理が働き、思わず買い求める。

2011年末、コンビニエンスストアの「ファミリーマート」が発売した「スライム肉まん」なる商品が、ブログやツイッターなどを賑わせた。何せ発売から1週間で、瞬く間に予定数量の100万個すべての出荷を終了したのだ。

かの商品、ゲーム「ドラゴンクエスト」に登場する名物キャラクターの「スライム」をモチーフにしたもの。ゲーム発売25周年のキャンペーン企画の一環で、ファミリーマートとのタイアップで作られたものである。

特筆すべきは、その色。およそ食品には似つかわしくない青色なのだ。正直、気味が悪い。もっとも、着色にはクチナシが使われ、合成着色料は一切使用されていない。中の具材も豚肉にタケノコに玉ねぎと、外見とは裏腹に味や成分は真っ当である。

それにしても――なぜ、これほど気味の悪い商品がバカ売れしたのか。

恐らく、消費者の〝怖いもの見たさ〟のココロを刺激したのだろう。

一般に、青色の食品は自然界にほとんど存在しないので、本能的に僕らはそれを「食品じゃない」と拒絶する。到底、食欲などわくものではない。

だが、それが逆に功を奏したのだ。「気味が悪い」という評判を聞けば聞くほど、お客は興味を示したのである。それは、ホラー映画やお化け屋敷、怪談などに顔を背けながらも、興味をそそられるのと同じ構図だ。

それだけじゃない。スライム肉まんは購入客の手によりさらに気味の悪い加工（切り裂かれたり、電子レンジで焦がされたり）が施され、そんな悪ノリがSNSで拡散され、ますます消費者の〝怖いもの見たさ〟を刺激したのである。

今回、この企画で賞賛すべきは、ともすれば会議ネタで終わりがちなアイデアを商品化したこと。実際、この種のアイデアは会議レベルなら、さして珍しくはない。皆、一様に面白がってくれる。だが、いざそれを商品化するとなると、企業として二の足を踏むのが常である。

「ま、そうは言っても、食品で青色はないよね」と。

恐らく、スライム肉まんも同じような経緯をたどったと思われるが、色を変更するなど中途半端に妥協しなかったことが、今回の成功につながった。

そう、思い切って針を振り切ったことが、消費者の〝怖いもの見たさ〟に響いたのだ。

お祭り騒ぎが嫌いなワタシ

本当に店のファンになってもらいたいなら、 普段通りの姿を見てもらうのが一番。
彼らは、 お祭り騒ぎが嫌いな人たちだ。

駅から少し離れた旧山手通り沿いの閑静な住宅街に、その白を基調としたモダンな建物はたたずんでいる。コンセプトは「森の中の図書館」。緑も多く、心地良い空間だ。

そう、「代官山 蔦屋書店」の店内は柔らかな自然光が射し込み、明るい。本の置き方も他所と違って、例えば「東京の散歩」に関する本が、新刊本も新書も文庫本も図鑑も、同じ棚に陳列してあったりして、思わず手に取りたくなる。店内各所にはコンシェルジュなるスタッフがおり、例えば「自転車が出てくる話」みたいな漠然としたオーダーでも、たちどころにおススメの本を提案してくれる。

だが、一つ不思議なことがあった。僕はオープン初日にそこを訪れたのだが、なぜか店の入口にそれを知らせる看板も、お祝いの花も飾られていなかったのだ。しかも、お客の数が少ない（僕は関係者からオープンを聞かされていた）。まぁ、その分、こちらとしては余裕を持って店内を散策できるから、ありがたいのだけど――。

2階に上がると、噂に聞いたラウンジがあった。壁面の棚には『アンアン』や『ポパイ』、『暮しの手帖』などの有名雑誌のバックナンバーが並び、ソファーに腰掛け、コーヒーやお酒を飲みながら、それらを自由に読むことができるスペースだ。訪れる前は、オープン日なので混雑して座れないだろうと覚悟していたが、席には余裕があり、僕は空いているソファーに腰掛けることができた。

結局、この日の訪問は終始、快適なものだった。僕はこの店がすっかり気に入り、また来たいと思った。

――後から知ったが、あの日、僕が快適な思いをしたのには理由があった。代官山 蔦屋書店は、あえてオープンの告知を控えたのだ。マスコミ等を招いての内覧会もやらなかった。いわゆるサイレントオープン。それはひとえに、オープンによる混雑を避けるためである。

同店のターゲットは、〝プレミアエイジ〟なる団塊の世代前後の人たちという。彼らに店のファンになってもらうには、快適な環境にある店を探訪してもらうのが一番。しかし、大々的にオープンを告知してしまっては、大挙して人が押し寄せ、探訪どころではない。

世の中に、お祭り騒ぎが好きな人たちはいる。でも、彼らはお祭りが終わると、消えてしまう人種。一方、この店が求めるのは、店と長く付き合ってくれる人たちである。

彼らを惹きつけるには、あえて〝祭り〟をやらないことも肝要なのだ。

第2集団が好きなワタシ

名古屋を拠点に活動する姉妹グループSKE48。
AKB48に追いつけ追い越せの姿勢は、地元ファンの心に火を付けた。

過去、幾度となくドラマを生み出したＡＫＢ48の「選抜総選挙」。毎度、世間は誰が1位になるかで盛り上がるが、実はファンの人たちにとって一番大事なのは、自分の推しメンがランクインするか否か、もしくは昨年の順位からいくつ上がるか、である。

それが最も如実に表れたのが、２０１２年に開催された第４回の選抜総選挙だった。エントリー数は姉妹グループや研究生まで含め、総勢２３７人。その中から上位64人が晴れて壇上で名前を呼ばれ、〝ランクイン〟した。

表向きの話題は、大島優子が2年ぶりにトップに返り咲いたり、伏兵と呼ばれる指原莉乃が番狂わせの４位（当時はそうだった）に躍進したり……だったけど、当のファンたちにとっては、それよりも何よりも、姉妹グループであるＳＫＥ48の大躍進が一番の話題だった。

前年の第3回総選挙では、当選枠が40人だったとはいえ、ＳＫＥ48でランクインしたのは、わずか6人。それが、この第4回では64人中、15人が当選。しかも「アンダーガールズ」と呼ばれる17位から32位に至っては、16人中、半数の8人がＳＫＥ48で占められたのだ。

なぜ、これほど彼女たちは大躍進したのか。

ＳＫＥ48は、ＡＫＢ48の次に発足した名古屋を拠点に活動する姉妹グループである。テレビや雑誌等への露出が多く、ピンで活躍するメンバーも多い〝スター軍団〟の長女ＡＫＢ48に比べ、どうしても露出や知名度で劣る。そもそも首都圏（全国区）と名古屋ではマーケット規模が違うので、ＣＤセールスもかなわない。だが、そんな〝第２集団〟的な立ち位置が、逆に地元ファンの心に火を付けた。

昔から、日本人には「判官贔屓」の気質がある。首都圏に対して地方、スター軍団に対して雑草軍団――そんなＳＫＥ48が、年に1度の総選挙ではＡＫＢ48と同じ土俵の上で戦えるとなれば、地元ファンが燃えないわけはない。

振り返れば、かつてＡＫＢ48の内部でも同じような現象があった。それは、1期生である前田敦子や高橋みなみなどのスター揃いのチームＡに対し、２期生で構成されたチームＫの〝下克上〟。当初、チームＫは地味で人気がなかったが、Ａに追いつけ追い越せと、大島優子や秋元才加らのメンバーが発奮。そんな雑草魂にファンたちが共感し、遂にはチームＡをしのぐ人気を獲得した。

そう、人は追われるより、追うほうに感情移入したい生き物なのだ。

ちょっと欠けて
いるほうに
惹かれるワタシ

ぱるること島崎遥香。"塩対応"で、笑顔が苦手な彼女だが、逆にそれがチャームポイントに。今やAKB48のエース格の1人。

パティ・ボイドという女性をご存知だろうか。ファッションモデルとして一世を風靡し、洋楽ファンにはなじみ深い名前だと思う。

そう、エリック・クラプトンの代表曲「いとしのレイラ」のモデルにもなった女性だ。元々はザ・ビートルズのジョージ・ハリスンの奥さんだったが、ジョージと友人関係にあるクラプトンが、いつしか彼女に恋心を抱き、叶わぬ恋を綴った曲である。

ところが——その後、ジョージとパティは離婚。なんとクラプトンの恋が成就する。それでもジョージとクラプトンの友情は壊れなかったというから、世の中面白い。

ちなみに、パティは同時代のほかのミュージシャンたちからもモテモテで、ジョン・レノンやミック・ジャガーも彼女に恋心を抱いたと聞く。それにしても、それほどまでにモテる彼女は、よほどの美女だったのか？

もちろん、キュートな顔には違いない。ただ、彼女には一つ欠点があった。それは、前歯がちょっと出ていること。そのために新人モデル時代は、カメラマンから「モデルらしくない」と、言われることもあったそう。彼女自身、デビューからしばらくの間、それをコンプレックスに感じていた。

しかし——。

世間は逆に、そんな彼女の前歯をチャームポイントと見たのである。パティはたちまちアイドル的人気を博し、彼女に群がるミュージシャンたちも、そのキュートな前歯に魅せられる。

そう、人は100％完璧な存在より、ちょっと欠けているほうに惹かれるもの。

例えば、ＡＫＢ48のぱるること島崎遥香もそう。彼女の魅力は？——いわゆる〝塩対応〟だ。普通のアイドルのように自然な笑顔ができない。ファンの声援や周囲のノリに素直に反応できず、ついそっけなく振舞う。気づいたら、困り顔。だが、ファンにはその不器用さがたまらない。

企業も同じじゃないだろうか。無理して完璧を装うより、あえて欠点を隠さない姿勢のほうが、お客の関心を惹くかもしれない。

例えば、店舗の立地が悪ければ、正直に「駅から遠くてすみません」と告白する。そのほかのサービスがしっかりしていれば、むしろ一つの欠点は、お客に「応援したい」と思わせる利点になるかもしれないのだ。

〝昔ながらの〟に弱いワタシ

夕食の買い物は済ませたはずなのに、つい肉屋の前にくると、
その「昔ながらの～」のフレーズに足を止めてしまう。

こんな経験はないだろうか。

週末、あなたは近所のラーメン屋で昼食を済ませ、帰りしな商店街をブラブラと歩いている。ふと、肉屋が目に入る。店のコーナーの一角でコロッケを揚げている。よく見る光景だが、そこにあるPOPを見て、思わず足が止まる。

「昔ながらのコロッケ」。

なぜだろう。無性にそのコピーに惹かれる。たった今、ラーメンを食べてきたばかりなのに、今すぐそのコロッケを買い、アツアツのそれを頬張りたくなる。

結局、あなたは誘惑に負け、紙袋に入ったそれを店先でハフハフしながら食べることになる。そして正気に戻る。

「普通のコロッケじゃないか」。

そう、「昔ながらの〜」と言いつつ、大抵の場合、それは普通の代物だ。昔ながらのコロッケ、昔ながらのナポリタン、昔ながらのカレーパン……冷静に考えると、要はスタンダードな商品ということ。何かを期待するほうが間違っている。それにしても、なぜ僕らは「昔ながらの○○」というコピーに弱いのだろう。

それは——人間の本能である「保守と革新」を求める行動と関係がありそうだ。僕らは新しもの好きである反面、まるでメトロノームのように、時にその反動で妙に古いものにも惹かれる。若手お笑い芸人の斬新なコントに爆笑したかと思えば、名人の演じる古典落語にも唸る。流行りのスイーツのポップコーンにハマったかと思えば、昔ながらの「赤福」にも手が伸びる。

そう、保守と革新。要するに僕らは両極端が好きなのだ。創作落語やスーパー歌舞伎が今一つ広がらないのも、伝統はとことん古くあってほしいと願う、僕らの本能なのだ。

そこで、「昔ながらの○○」。それは、単なるコロッケやスパゲッティ・ナポリタンを瞬時に魅力的な商品に変えてしまう、魔法のフレーズ。普通にコロッケやナポリタンとして提供するよりも、針を振り切っている分、お客の食いつきが違う。中身は何ら変わらなくても、である。

もし、あなたが新規商品や新規事業の開発を命じられて、何もアイデアが浮かばなかったら、その逆——とことん古い伝統を探ると、何かヒントが見えるかもしれない。

同業他社が新しい方向性を打ち出したら、必ず反動として、お客はその逆も求めるからだ。人は新手のカニクリームコロッケに舌鼓を打つ一方、昔ながらのコロッケにも惹かれる動物なのだ。

〝一見、変わらないもの〟に弱いワタシ

ベースの味は守りつつ、常にお客の舌の一歩先を行く味を求めて改良を続ける姿勢が、客を呼ぶ。「春木屋理論」である。

２０１３年、ハウス食品の「バーモントカレー」が発売から50年を迎えた。それを伝える「日本経済新聞」の電子版の記事が大変興味深かったので紹介したい。

こういう内容だ。同商品のカレールー市場のシェアは、30％と断トツのトップ。強さの秘密は、１９６３年の登場以来、幾度となく重ねられた〝小さな改良〟にあるという。

バーモントカレーの登場前、カレーは大人の食べものだった。ハウス食品はそれを子どもでも食べられるよう、リンゴとハチミツで辛さを抑え、初の家族向けの〝甘いカレー〟として売り出したところ、大ヒット。以来、ロングセラーとなっているという記事である。

僕が驚いたのは、この50年間、味が変わっていないようで、微妙に改良を続けている点。コクを深めたり、色を濃くしたり——その理由を同社の開発担当者はこう解説する。

「ロングセラーブランドは、ヘビーユーザーがいて成り立ちます。味を大きく変えると、彼らから『この味が好きだったのに』と不満が出かねません。時代に応じて、少しずつ味覚の志向に合わせて変えてきたんです」。

この解説を聞いて、僕はラーメン業界で語り継がれる「春木屋理論」を思い出した。

それは、荻窪の老舗のラーメン店、春木屋の伝統の味に関する考察だ。同店は１９４９年の創業以来、看板メニューの中華そばの味を守り続け、その秘伝の醤油味のスープは数十年来のファンも少なくない。だが、全く味を変えないのではなく、少しずつ改良しているという。なぜなら、時代を経て食料事情が良くなったり、お客の舌が肥えたりする中で、同じものを出し続けていたら味が落ちたと言われるから。ベースの味は守りつつ、常にお客の舌の一歩先を行く改良を続ける姿勢こそが、「変わらない」と言われる秘訣であると。

そう、僕らは一見、変わらないものに惹かれる。何年、何十年経っても変わらない魅力。でも、その裏では、時代時代の人々の嗜好に合わせて、小さな改良が続けられているのだ。

そう言えば、同じくロングセラー商品の日清食品の「チキンラーメン」もそう。１９５８年の登場以来、表向きは、味を変えないとしながらも、小さな改良を続けていると聞いたことがある。だから、今なおファンが多い。

老舗を守る姿勢と、小さな改良を続ける姿勢。二つは同じ意味なのだ。

正直者に弱いワタシ

プリプリの食感のバナメイエビは、実はエビチリに適した食材。
正直に申告されると、むしろお客は食べたくなる。

作家、江戸川乱歩の初期の短編に『心理試験』という傑作がある。

物語のあらすじはこうだ。頭の切れる主人公の大学生が、友人から下宿を営む老婆が莫大な財産を屋敷内に隠している話を聞き、一計を案じて老婆を殺害して金を奪う。

その後、容疑者として、友人と主人公の2人が取調べを受ける。その際、判事は2人に「心理試験」を行う。それは、判事の発する様々な単語から、瞬時に連想される言葉を答えてもらうというもの。その中に事件に関する言葉がいくつか紛れており、反応が遅れたり、言葉に詰まったりすると、「動揺している」と見なされるのだ。

だが、この主人公は切れ者だったので、あらかじめ「心理試験」の問答の練習を周到に重ねる。そして本番の試験では、事件に関する単語が発せられた際、それに動じないばかりか、あえて核心の単語を無邪気に連想してみせたのだ。一方、友人は事件に関する言葉が発せられる度に動揺を隠せず、無理に連想から離れようとしたため、ほかの言葉より答える時間が長くかかった。

結果、判事は、素直に連想した主人公に好感を抱き、対して、無理に連想を回避した友人を犯人と疑ったという話である。

さて――。

話は変わり、2013年に飲食業界を賑わした「食材偽装問題」を覚えているだろうか。阪急阪神ホテルズを皮切りに、果てはミシュランに掲載のレストランにまで食材偽装が発覚した、あの一連の事件。

あの事件が興味深いのは、一連の〝偽装〟は全て、供給者側の自己申告で発覚したこと。何もお客が「原材料が違うじゃないか！」と苦情を訴えて発覚したんじゃない。つまり、事件で一躍脚光を浴びた「バナメイエビ」の味覚に、お客は何ら不満を抱かなかったのだ。

ならば――。

先の小説の主人公のように、飲食業界は堂々とバナメイエビの使用を謳ったらどうだろう。真正面から「バナメイエビです」と申告されたら、むしろ僕らは好感を抱きそうだ。実際、味は悪くないんだし。

ちなみに、件の主人公は、意外な落とし穴から名探偵・明智小五郎に策を見破られる。それは、事件に関する言葉への反応が、ほかの一般用語よりも、むしろ速かったのだ。

「策士策に溺れた」のである。

〝ちょいマジ〟なワタシ

今や早朝のオフィス街では、OLたちが語学講座に勤しむ。
彼らは誰かから強制されたわけじゃない。自分の意志である。

最近、若い人たちの容姿や行動が「マジメ化」していると思いませんか？

例えば、女性たちの髪色。以前のような明るい茶髪が減り、まるでアイドルグループのメンバーのような落ち着いたブラウンや黒髪が増えている印象。彼女たちのファッションにしても、かつてガングロギャルたちが好んだ露出過多の服装が減り、今や街を見渡せば、レギンスなどで肌の露出を抑えた美白の女性たちであふれている。そのメイクも最近は「すっぴん風」といったナチュラル志向だ。眉毛も一時期よりも随分、太くなった。

若い男性も、以前のように遊ばなくなって久しい。第一、彼らは車を欲しがらないし、海外旅行への憧れもあまり聞かない。ガールフレンドを誘って、海や山へ遠出している風でもない。彼らが草食系と言われる所以である。

お酒にしても、最近の若い人たちは度を過ぎた飲み方はしない。彼らは上司からの誘いを断り、早々に帰宅して、ごく自然に自炊に勤しむ。街中で酔いつぶれているのは大抵、おじさんサラリーマンだ。

スポーツの流行も、以前はテニスやスノーボードのようなカジュアルな競技が好まれたが、最近はストイックにランニングをする若者たちが増えている。

そうそう、彼らは早起きも苦にならない。そもそも、お酒を飲んで午前様という習慣がないので、比較的早く床に入る。で、早起きして「朝活」だ。語学系の講座に通ったり、朝食を兼ねた異業種交流会に参加したり、ランニングで汗を流したり――。

そんな具合で、今や若い人たちはどんどん「マジメ化」している。その昔、少し危険な香りがする「ちょいワル」が異性にモテて、マジメぶるのはダサい傾向すらあったのが信じられないほど。そうそう、今じゃ彼らは政治への関心も高い。国政選挙が行われる度、SNSで「選挙に行こう」と呼びかけるのは、大抵、若い人たちだ。かつて若者と言えば、政治に関心のない「ノンポリ」と呼ばれた時代が、隔世の感――。

さて、そんな時代の企業戦略は、自ずと「ちょいマジ」に照準を合わせたほうがよさそうだ。実際、街の流行りも、最近はオシャレな朝食を出す店が脚光を浴びたり、朝のスキルアップ講座が盛況だったり、ランナー向けのウエアやグッズやレストスペースが充実したり――。

狙うなら、ちょいマジな若者たち向けのサービスだ。

〝終わり〟があるから楽しいワタシ

期間限定メニューは終了日を明示しないケースが多く、
「もしかして今日まで?」と、居ても立ってもいられなくなる。

なぜ、大学時代はあんなに楽しかったんだろう。

よく考えたら、お金もたいして持ってないし、バイト先で理不尽な扱いを受けることもあったし、ただただ単位のために不毛な授業に出席しなくちゃいけなかったし、経験が少ない分、異性との接し方も下手だったし……と、よく考えたら、苦労や失敗のほうが多かったと思う。それでも、当時は毎日が楽しくて仕方がなかった。

なぜ？

恐らく——あらかじめ〝終わり〟が決められた期間だからじゃないだろうか。「今、苦しくも新鮮な、このドキドキする期間は4年間限り」と、感じていたからこそ、楽しかったんじゃないだろうか。

昔から不変の商法である〝期間限定〟が、今もそれなりに効果があるのも、同じ理由かもしれない。

例えば、牛丼チェーン店が期間限定で値下げをする。その期間に店を訪れたことのある方なら分かると思うけど、大変な混みようだ。場所と時間帯によっては、たかが牛丼1杯に20分待ちなんてことも珍しくない。安いと言っても、せいぜい100円程度の値引き。正直、20分も並んで食べる代物じゃない。それでも並ぶのは、もはや「安いから」というより、「期間限定」だからである。

2011年1月に行われたマクドナルドの「Big America 2」のキャンペーンの時もそうだった。それは、アメリカの都市をイメージした4種のバーガーを販売する企画。3週間程度のスパンで1種類ずつ発売される。過去に同社の空前の大ヒットとなった「Big America」キャンペーンと同じアプローチだ。そして、この「2」も大好評を博した。

ヒットの要因は、第一に商品が魅力的だったからだろう。メニューの開発に当たった部署は、相当な時間と労力をかけて改良を重ねたと聞く。そしてもう一つの要因が——〝期間限定〟である。

ぶっちゃけ、お客が未体験の味にチャレンジする最大の理由は、「多少難があっても、期間限定」だからにほかならない。一種のお祭り感覚。

「大学生活は4年間しかない。だったら、失敗してもいいから、とにかく色々チャレンジしよう」という感覚に近い。

人々が、安さや新しさに惹かれるのは、実は二次的理由。本当は、終わりのある〝お祭り〟に乗り遅れたくないからである。

まとめ

逆張り

人は案外、あまのじゃくな生きもの。映画『清須会議』で丹羽長秀が柴田勝家に夫婦円満の秘訣を聞かれ、「年下の女房は年上のように、年上の女房は年下のように扱うといい」と説いたように、人は予想に反して逆のことをされても、それが案外心地良いと、いとも簡単になびいてしまう。新しいことを期待されたら、あえて古いことを。

“買う5秒前”の心理④

ボーダレス

常識を疑い、新しい扉を開くことで
売れたシーンを分析。

新商品・サービス企画のヒント

購買動機「ボーダレス」を刺激する企画づくりで、知っておきたい消費者インサイト。

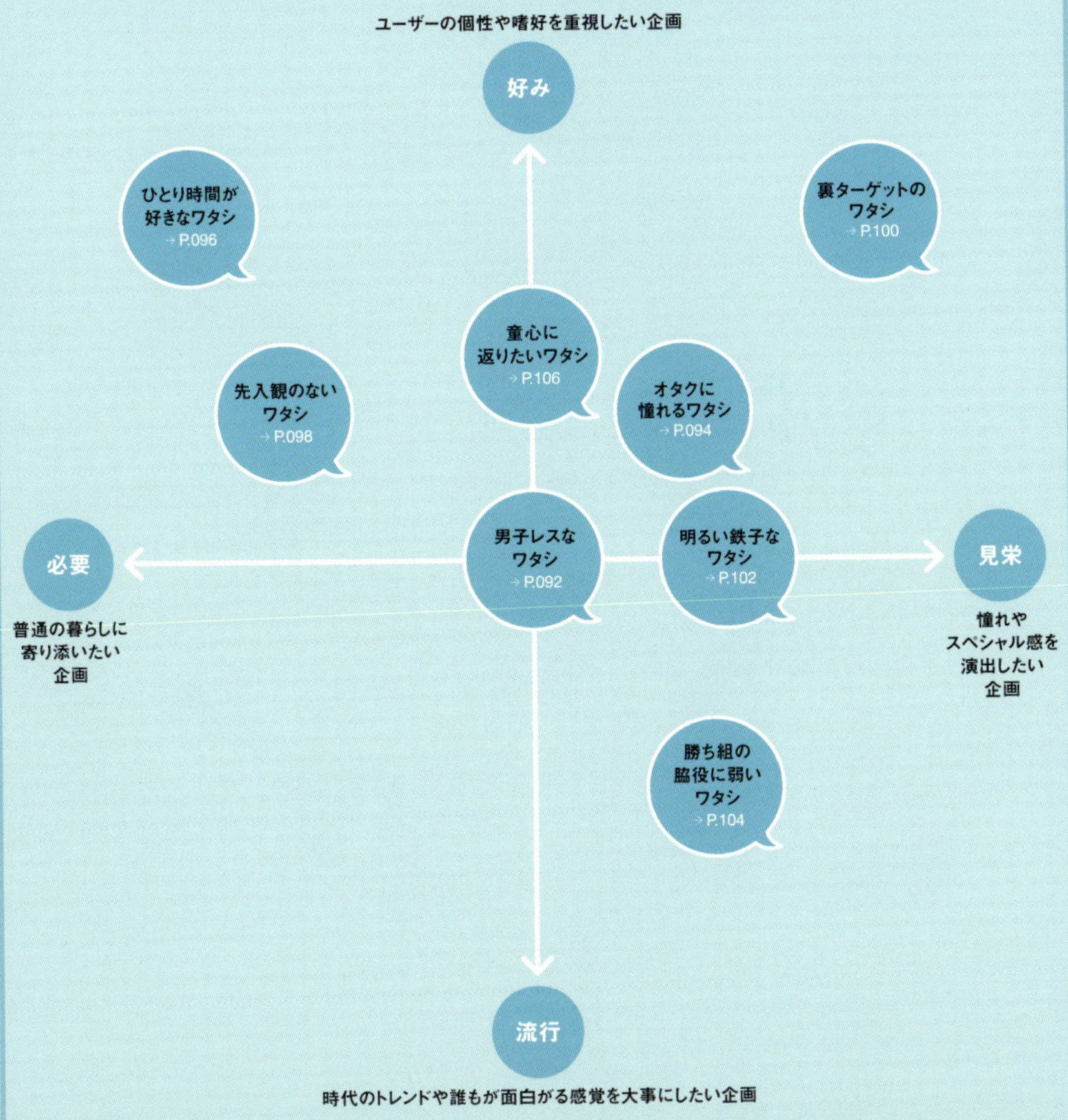

男子レスなワタシ

かつて「お父さんの聖地」だったホルモン屋は、今やすっかり「OLたちの聖地」。
彼女たちの眼中に“男子”はない。

「ホルモンヌ」と呼ばれる人々が登場して久しい。

焼肉の内臓系の部位、いわゆるホルモンを好んで食する若い女性たちを表す呼称で、2009年あたりから増え始め、今やすっかり定着した。

その起源は、女性ライターの佐藤和歌子さんが『週刊モーニング』に連載した「悶々ホルモン」だと言われる。それまでおじさんたちの聖地だったホルモン屋を女性1人で訪れ、食べ歩いたエッセイで、それが火付け役となり、女性たちの目がホルモン屋へと向かい始めた。そして2009年4月、「ホルモンキング」が恵比寿にオープンしたのをキッカケに、新宿や池袋、渋谷などにもホルモン屋が続々とオープン。今やそれらの店は女性客のほうが多い。

なぜ、彼女たちはホルモン屋へ向かうのか？

一つはコラーゲンだ。ホルモンにはコラーゲンが多く含まれ、お肌にいいという。加えてビタミンやミネラルも豊富、しかもカロリー控え目。それでいて美味しいのだから、世の女性たちが飛びつかないわけはない。

でも、僕はそれだけじゃないと思う。大抵のホルモン屋は庶民的な店構えで、お値段もリーズナブル。気取らず、食事を楽しめる店が大半である。

そう、安いのだ。奇しくも、世にホルモンヌが増え始めたのと、リーマンショックの影響で景気が悪化した時期が重なるのは、何も偶然じゃない。

一般に不景気で懐が寂しくなると、男性は飲み会などの遊興費を減らす傾向にあるが、女性はその限りじゃない。彼女たちは生活習慣を変えることをあまり好まず、懐が寂しいなりに、それに見合った楽しみ方を考える。

いわゆる「草食系男子」や「肉食系女子」が登場したのも、この時期。アフター5に早々と家に帰って、パソコンを立ち上げる男性たちを見限り、女性たちは友人らと街へと繰り出し、ホルモン屋で盛り上がる新たな生き方を発見したのである。

実は今、〝男子抜き〟で外食を楽しむ女性が増えている。彼女たちはデートや合コンにはあまり積極的でなく、その分、友人らとの食事会に精を出す。男子抜きだから、支払いは自腹。となると、自然と選ぶ店はリーズナブルになる。庶民的なビストロやホルモン屋が好まれる。

〝男子レス〟――もはや彼女たちは、男子なしでも人生を楽しめる術を身に付けた。今、商売のターゲットとして狙うなら、彼女たちだ。

オタクに憧れるワタシ

今やオタクがモテる時代。
巨大建造物オタクが語るうんちくの数々は、意外にも若い女性たちの心を掴んだ。

江東区の若洲と中央防波堤の外側埋立地を結ぶ、「東京ゲートブリッジ」なるトラス橋をご存じだろうか。

全長およそ2・6キロメートル。東京湾岸道路周辺のコンテナ輸送などによる渋滞緩和のために建設された橋である。その特徴は、トラス構造と呼ばれる特異な外観にある。まるで恐竜が向かい合っているような姿から「恐竜橋」のニックネームも持つ。

それにしても——なぜ、この形なのか。

普通、大型の橋は「レインボーブリッジ」などの吊り橋タイプが多い。でも、東京ゲートブリッジは羽田空港に近く、上空を飛行機が通過するために、高さ制限で吊り橋にできなかったという。加えて、橋の下を大型貨物船が通るため、橋脚の間隔も広くないといけない。そこで、三角形のユニットの組み合わせで強度を保つ「トラス構造」なるデザインが採用されたのだ。

この橋の特徴はそれだけじゃない。鋼材をつなぐ際にネジをほとんど使わずに溶接し、表面をなめらかに仕上げたこと。それにより軽量化も実現したそう。また、橋の中にひずみや伸び縮みを測るセンサーを埋め込み、橋のデータを常に監視できる体制にある。そう、最先端の技術が投入されたハイテク橋なのだ。

——以上、この橋のうんちくを述べさせてもらったが、以前なら、その手の話は、いわゆる巨大建造物オタクな人たちに限られた話題だった。しかし、最近は少し様相が変わってきて、NHKの『ブラタモリ』などの影響もあると思うが、ごく普通の人たちもこの手の〝オタク話〟に興味を示すようになった。

現に、東京ゲートブリッジが開通する1週間前、橋の車道部分を歩けるイベントが開催され、僕も仲間たちと参加したのだが、訪れた人々は家族連れが多く、その数なんと8000人以上。しかも彼らは橋上からの眺望よりも、むしろ橋そのものに関心があり、景色よりも橋のパーツの撮影を楽しんでいたのだ。僕らの仲間内にも1人、巨大建造物オタクがいて、彼がこの橋について何かうんちくを語るたび、グループ内の女性たちが彼の話に聞き入っていたのを思い出す。

そう、今やオタクがモテる時代なのだ。ディープな知識を披露する人が敬遠されたのは、今や昔。現代は、むしろオタクの知識が歓迎される時代なのだ。

オタク春の時代の到来である。

ひとり時間が好きなワタシ

彼女はどこにでもいる普通のOL。
群れるのは嫌いじゃないが、今週末は、読書にジョギングにひとり旅を満喫する予定である。

世の中を長いスパンで眺めてみると、マーケットというのは段々と「ひとり」の方向へと向かっている。

例えば、ＮＨＫの『きょうの料理』。１９５７年に番組がスタートした当時は５人分のレシピだったのが、その後４人分となり、今や２人分。近い将来、１人分になるかもしれない。ちなみに、ひと頃流行った文庫本サイズのおつまみレシピ本の類いは、どれも材料が１人前だった。

ひとり――それは誰からも束縛されない、心地良い時間と空間である。人間誰しも、できることなら、ひとりになれる時間を増やしたいもの。それはもはや、人としての本能ですらある。

昨今の晩婚化も、少しでも〝ひとり時間〟を満喫したい、現代人の心理の表れかもしれない。その昔、女性は生きていくために結婚をしたが（そういう時代もあった）、今は別に結婚しなくても生きていける。「腰かけＯＬ」はもはや死語。女性の労働環境は改善され、特に都会では男女間の職業差別はほとんどなくなった。

離婚もまた、昔は世間体とか出世に響くとかで、ちゅうちょしたものだけど、今やバツイチなんて当たり前。皆、気兼ねなく離婚し、再び〝ひとり時間〟を謳歌している。

さて、そんな風に拡大を続けるひとり時間。それはマーケットにも様々な形で波及する。女性でも気兼ねなく入れる「ひとり焼肉」や「ひとりカラオケ」は今やスタンダード。流行りのスポーツも、近頃はもっぱらひとりでできるジョギングブームだ。皇居の周辺では、走り終えた女性たちが利用するランナーズサテライトが今日も大盛況。

旅行だって、以前はＯＬや女子大生が、女友だちと頻繁に海外旅行に行ったものだけど、最近は歴女ブームで、名所旧跡を訪れる女性のひとり旅も珍しくない。村上春樹が新刊を出すたびにバカ売れするのも、手軽なひとり時間の過ごし方として、改めて読書が好まれる証しである。

ただ――誤解してほしくないのは、別に彼らはネクラとか友人が少ないとか、そういう話じゃないってこと。彼らは大勢で飲みに行くのは嫌いじゃないし、週末は恋人とのデートも楽しむ普通の若者たち。家族との付き合いも大事にする。ただ、それはそれとして、自分自身をリセットできる〝ひとり時間〟が好きなだけだ。

今後、ひとり時間のマーケットはますます拡大するだろう。１日24時間のうち、未開拓のおひとりさま市場は、まだまだある。

先入観のない ワタシ

098

彼女たちは純粋な好奇心から、かつて“男子学生の聖地”と呼ばれた店を訪れる。
そこに気負いはない。

バブル時代末期の1990年、「オヤジギャル」なる流行語が生まれた。今は亡き漫画家の中尊寺ゆつこ先生の作品から生まれたキャラクターで、まるでオヤジのような行動をとる強気な若い女性たちを世間はそう呼んだ。

例えば——二日酔いの朝に駅のホームで「ユンケル」を一気飲みしたり、電車の中で平気でスポーツ新聞を広げたり、駅の立ち食いそば屋に1人で入ったり——外見はワンレン・ボディコンとキレイ目だけに、その容姿と行動とのギャップが社会現象になった。

当時、若い女性たちは年上の男性たちからチヤホヤされる機会が多く、オヤジの世界に比較的〝耐性〟があったのと、元来の自己顕示欲の強さから、そういう特異なキャラクターが生まれたのだ。

あれから20余年。今再び、かつてのオヤジギャルのような行動をとる若い女性たちが増えている。それは——例えば、大型バイクのハーレーダビッドソンに颯爽と乗るOLだったり、囲碁サロンでおじさんたちにまざって碁を打つ可憐な少女だったり、スマートフォンで古地図アプリを見ながら街歩きする歴女だったり——。

だが、彼女たちがかつてのオヤジギャルと違う点が一つある。それは、ごく平凡な女性たちであること。周囲に自分の存在感を殊更アピールしたいわけでもなく、ごく自然なスタンスで趣味に取り組んでいる。

そう、常識破りのボリュームで、かつては〝男子学生の聖地〟と謳われたラーメンチェーンの「ラーメン二郎」を訪れる女性たちもそうだ。彼女たちは体育会系の学生でも、ギャル曽根のような大食漢でもなく、ごく普通の女性たちである。純粋に「食べたい」という好奇心から来店し、男たちに囲まれながら頑張って完食している。

それにしても、なぜここへ来て若い女性たちが、かつての〝男の聖地〟に足を踏み入れるようになったのか。

——先入観がないからだ。かつて若い女性と言えば、デートや合コンで小食を装うことで可愛らしさをアピールしたが、今の若い女性にその種の先入観はない。食べたければ、普通に食べる。ハーレーダビッドソンにしても、まず荒くれ男が乗るという発想がない。囲碁にしても、漫画などの影響もあって、そもそも古臭いイメージがない。

もはや、マーケティングで「若い女性」をカテゴライズしたがるのは、古い昭和世代の幻想なのかもしれない。

おじさんの、ね。

裏ターゲットのワタシ

今や話題のレストランは、カップルより女性同士の客が目立つ。
同本をたずさえ、訪れる“裏ターゲット客”は少なくない。

1980年代初頭、若者たちの間でバイクブームが盛り上がった時代の話である。その頃のバイクはスピード志向。峠を攻める〝街道レーサー〟が全国各地に出没した。人気モデルはレーサーレプリカタイプで、中でも一番人気が、ホンダの「VT250」だった。

ところが同バイク、取り回しの良さと精かんなスタイルがうけ、意外にも女性ライダーからの支持が多かったのだ。メーカーの当初の思惑とは違ったが、ベストセラーバイクとなり、ホンダにとっては嬉しい誤算だった。

そこで、これに気をよくしたホンダは、次のモデルチェンジで大幅に女性向けに舵を切る。スタイリングをマイルドにして、カラーリングもパステル調にした。これで女性人気がさらに上がると読んだのだ。しかし――新モデルは一気に人気が下降する。女性向けにマイルドにした策が、逆に当の女性たちから総スカンを食らったのである。

話は変わって、2012年夏、ある1冊のレストランガイドが話題になった。僕もブレーンを務めるホイチョイ・プロダクションズの新著『新・東京いい店やれる店』である。かの本、20年近く前にベストセラーになった本の第2弾。コンセプトは前回と変わらず、「味よりも、店の雰囲気」。要は、女性をくどき落とすための店選びに徹底的にこだわったレストランガイドだ。デートを盛り上げるウンチクも散りばめられ、再びベストセラーとなった。

ところが、である。

前作と一つだけ異なることがあった。それは――意外にも女性の購入者が多かったこと。断っておくが、女性をくどき落とすために書かれた本である。

だが、世の女性たちは、そこに惹かれたのだ。女性を落とすためのレストランガイドとは、よほどステキな店やウンチクが紹介されているに違いない、と。そう、前作が出た1990年代半ばと時代の空気が異なるのは、今は女子会などの影響で、むしろ女性のほうがレストランに関心が高く、一方、世の男性陣は草食系になっていること。

僕はこの現象を〝裏ターゲット〟と呼んでいる。

先に挙げたVT250もそうだが、本来は男性向けに開発された商品が、図らずとも女性にウケることがある。実は、世の女性たちは、女性向けに開発された商品にそれほど関心は高くない。逆に、男性向けに開発されながらも、優れた商品に惹かれる。自分たちが表立ってターゲットにされてない分、背伸びした優越感にも浸れるからだ。

明るい鉄子なワタシ

サンライズ出雲の利用者の多くは、2人組の女性客。
お酒とおつまみを持ち込めば、ゆったりと車窓を眺めつつ、12時間の女子会である。

最近、「ペットブーム」という言葉を聞かなくなった。ペットを飼う人が減ったからだろうか？

違う。その逆。ペットの数はこの20年、右肩上がりに増えている。「ペットブーム」なる言葉が出始めたのは１９９０年代初頭だけど、要はペットを飼う行為が常態化して、もはやブームと呼べなくなったからである。

同じことが「鉄道ブーム」にも言える。かつて鉄道好きをカミングアウトすることは「ネクラ」の代名詞と言われ、一部の男性に限られた趣味だった。当然、女性たちからは敬遠された。90年代になると、彼らは鉄道オタク、略して「鉄オタ」と呼ばれるようになり、相変わらず世の女性たちとは無縁の存在だった。だが、２０００年代になると、徐々にその構図に変化が見え始める。

キッカケは、２００２年に『スピリッツ増刊ＩＫＫＩ』で連載が始まった「鉄子の旅」というノンフィクション漫画だった。それは、女性漫画家の菊池直恵さんが、鉄道に興味がないのにもかかわらず、トラベルライターの横見浩彦さんに連れられ、全国の鉄道を旅して回るというもの。

これが世の中を変えた。同作品は次第に女性読者を開拓し、２００７年にはテレビアニメ化される。そして同年、女性の鉄道ファンを総称する「鉄子」なる言葉が、流行語大賞にノミネートされたのだ。気が付けば――鉄道ファンは老若男女に広がり、いつしか「鉄道オタク」は死語となり、もはや鉄道ブームと呼ばれることもなくなった。

そんな中、近年にわかに注目を浴びる列車がある。寝台特急「サンライズ出雲」がそう。東京と島根県の出雲市を結び、夜の22時に東京駅を出発して、翌朝10時に終点の出雲市駅に着く。車両はオール２階建て。内装は落ち着いた木目調で統一され、個室のプライバシーも万全。さらにシャワーや洗面所も使えるとなれば、鉄道好きの女性たちが飛びつかないわけはない。聞けば、同列車の多くは女性客であり、特に金曜日は人気が高いそう。

彼女たちを寝台列車の旅へと動かしたのは、その目的地も大きな要因となった。近年、出雲大社はパワースポットとして女性たちの人気を博し、２０１３年には60年ぶりの「平成の大遷宮」のメモリアルイヤーを迎え、さらに注目度が高まった。

そして今週末も、彼女たちはＢ寝台のツインルームで出雲を目指す。もはや鉄道趣味を隠すことはない。明るい「鉄子」たちだ。

勝ち組の脇役に弱いワタシ

かつての“オヤジたちの聖域”も、今やカープ女子やオリ姫ら若い女性たちであふれている。スタンドの様相は一変した。

プロ野球の巨人戦のテレビ視聴率の低迷が叫ばれて久しい。かつてはゴールデンタイムで20％台を稼ぐ優良コンテンツだったのに、2001年ごろから徐々に数字が低下。2006年からは中継する試合数も減り、視聴率も5～6％台である。

一方、球場の観客動員数はここ10年、横ばいである。この現象、かつて存在した巨大な中間層――要はテレビでナイター中継を楽しむライトなファン層が減る一方、球場に足を運ぶコアなファン、パトロンたちは堅調だということ。中でも近年目を引くのが、広島東洋カープを応援する「カープ女子」と、オリックス・バファローズに首ったけな「オリ姫」ら、女性ファンの存在である。

彼女たちは、ひいきのチームのユニホームを身にまとい、球場に足を運んで応援する筋金入りのパトロンだ。その熱さは、2014年のオールスターゲームのファン投票で、広島が11人中8人、オリックスが12人中5人を占めるなど、共にリーグトップだったことからもうかがえる。

先に盛り上がったのはカープ女子だ。2013年、広島が16年ぶりにAクラスに入り、クライマックスシリーズに進出したのが契機になった。多くの女性ファンが熱心に応援する姿がNHK『ニュースウオッチ9』で取り上げられ、一躍全国区になったのだ。そして翌2014年も広島は序盤で一時首位を走るなど、すっかりAクラスが定位置に。

一方のオリックスも2014年、ソフトバンクと熾烈な首位争いを演じて、主催試合の平均観客数が2万人を超える。その数字は、直近9年間の平均1万8828人を上回るものだった。そんな盛り上がりの中、「オリ姫」が誕生したのである。

そう、両チームとも首位争いを演じる〝勝ち組〟に入ったことが、女性ファンが増える要因になった。でも、それだと、実力も人気も兼ね備えた巨人やソフトバンクにも走りそうだが、そうじゃない。第2のカギは――〝脇役〟という立ち位置だ。

実は広島もオリックスも、それぞれのリーグで優勝から遠ざかっている。オリックスは18年、広島に至っては23年も優勝していない。つまり、熾烈な首位争いを演じる勝ち組でありながら、優勝常連の主役球団じゃなく、脇役という存在。そんなメインストリームからちょっと外れた立ち位置に、世の女性たちは弱いのである。

例えて言うなら、嵐の相葉クンといったところだろうか。

童心に返りたいワタシ

「Dig This」の来園者は、会社経営者から80代のお年寄りまでと幅広い。
皆、目を輝かせながら、重機を操作している。

世にテーマパークは数あれど、アメリカのラスベガスにある、そのパークほど風変わりなものはない。約2万平方メートルの敷地は、ほとんどが未整地。アトラクションの類いは一切なく、あちこちに重機が置かれてあるだけ。一見すると、ただの建設予定地だ。

ところが——これがパークの完成型。名前は「Ｄｉｇ Ｔｈｉｓ」。来園者にブルドーザーやショベルカーなどの重機を操作してもらい、タイヤを持ち上げたり、土を掘ったりして、遊んでもらう施設である。要は、大人の砂遊び。これが、いい年をした大人たちに大人気なのだ。

パークを企画したのは、エド・マムさん。その発想のキッカケは、以前、広大な土地を買い、自分で重機を借りて整地を行ったところ、あまりに面白くて、整地そっちのけで重機遊びに熱中してしまったこと。その時、「これは、お金を払ってでも遊びたい人がいるのでは？」と、重機で遊べる施設としてオープンしたところ、これが大ヒット。満を持して、テーマパークの本場であるラスベガスに本格進出したのである。

その入園料は、約200ドルからと、決して安くない。来園者はインストラクターから講習を受け、その後、実技が味わえる。とはいえ、タイヤを持ち上げたり、土を掘ったりするだけだ。それにもかかわらず、同パークは連日、予約客が絶えないという。要は、お金を持った大人客がメインの客層なので、懐に余裕があるのだ。エド・マムさんは、今後、アトランタとニューヨーク、そして東京やオーストラリアにも進出したい意向を示している。

それにしても、ただの重機を操作するだけの施設が、なぜ、これほどまでに大人たちの心を捉えたのか。

——「童心」だ。幼いころに抱いた「○○ごっこ」をしたいという思い。あの欲求を掘り起こしたのだ。

思い返してみれば、子ども時代は「パイロットになりたい」だの「お菓子屋さんになりたい」だの、僕らは自由に想像を膨らませた。でも大人になるにつれ、それらの夢は消え、すっかり現実的な毎日を過ごしている。だが、かつて抱いた夢は、そうそう消えるものじゃない。ゲームの「電車でＧＯ！」が、根強い人気なのも、幼いころに抱いた〝電車の運転手さん〟という夢を仮想でも味わえるからである。

「三つ子の魂百まで」というが、幼い頃に培った欲求は、終生、忘れないものなのだ。

まとめ

ボーダレス

ベルリンの壁が崩壊したのは1989年。だが、何も壊された壁はそれだけじゃない。男女の壁、大人と子どもの壁、オタクと非オタクの壁……日々、様々な壁が壊され、新しい世界が生まれている。そもそも地球を宇宙から眺めれば、国境なんて線もない。そんなボーダレス時代には、まず、これまでの常識を疑ってかかること。

“買う5秒前”の心理⑤

シンプル

理屈よりアイデアを重視し、
誰もが納得する仕掛けで売れたシーンを分析。

新商品・サービス企画のヒント

購買動機「シンプル」を刺激する企画づくりで、知っておきたい消費者インサイト。

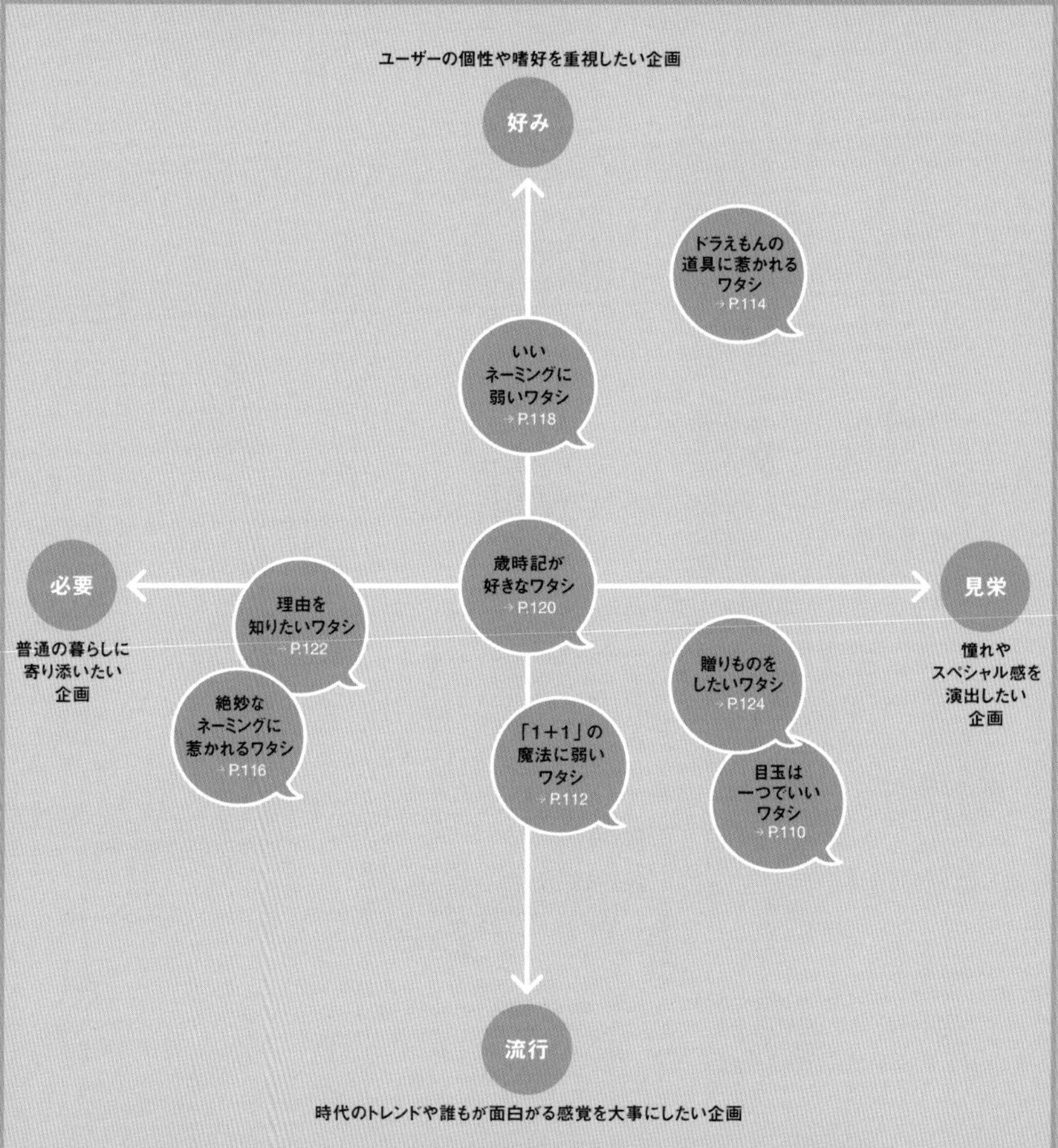

目玉は一つでいいワタシ

渋谷ヒカリエを訪れる女性は、とりあえず「スイッチルーム」に足を運ぶ。
そこに惹き付けた時点で施設としては成功である。

2012年4月、奇しくも東京の新名所が三つ同時に誕生した。原宿の「東急プラザ　表参道原宿」、お台場の「ダイバーシティ東京」、そして「渋谷ヒカリエ」である。

三つともオープン前からテレビや情報誌などで大々的に取り上げられたこともあり、ゴールデンウィーク中は大変な混雑ぶりだった。日本初上陸のテナント、隠れた名店の出店、面白い趣向のパブリックスペース、いわくつきのモニュメント、そしてオープン記念イベントの数々――さぞや皆、それらの情報を頭に叩きこんで新名所に足を運んだかと思いきや、意外にも訪れた人々の動機はシンプルなものだった。

連休期間中、ツイッターなどSNSで目立った書き込みは、東急プラザ　表参道原宿なら屋上テラスにある「おもはらの森」、ダイバーシティ東京なら実物大の「ガンダム」、渋谷ヒカリエなら豪華女性トイレの「スイッチルーム」に関するものばかり。あれほど各種メディアでオープン前に多彩な情報が伝えられたのに、である。

なぜ？

基本――お客というのはそんなに勉強熱心じゃないってこと。とりあえず新しいスポットには興味があるので押さえておきたい。でも、目玉は一つ程度しか把握していない――そんな状況。前述の通り、渋谷ヒカリエなら、行く前から把握しているのは、同施設の最大の目玉と言われるスイッチルームくらいである。

何でもその名称、オンとオフ、日常と非日常を切り替えられるレストスペースという意味から付いたとか。ソファーがあったり、エアシャワーがあったり、女優仕様の鏡があったり、フットマッサージや酸素バーなど盛り沢山。女性なら誰しも一度は訪れてみたい魅惑のスポットだ。

そう、いくら売り手が多くの情報を消費者に送ったところで、それらをちゃんと把握し、計画を練って来店してくれる人たちは超少数派。大半のライトユーザーはどこからか聞いた目玉情報一つを頼りに、気楽に訪れる。

つまり――極端な話、目玉は一つあればいい。それが魅力的なら、多くのライトユーザーは来てくれる。そのついでに館内を回遊してもらえれば、どの道、目的は達成されるワケで。逆に、いくら魅力的なテナントが揃っていても、送り手があれもこれもと欲張って報じると、かえって目玉が分散してぼやけてしまい、集客力は落ちるのだ。

基本、消費者は勉強熱心じゃないのだから。

「1+1」の魔法に弱いワタシ

ユニクロのマネキンの手に、デジカメ。
このなんてことのない「1+1」の魔法に、お客は“新しい何か”を見たのかも。

アイデア本の古典とも言えるロングセラー本がある。ジェームス・W・ヤングが著した『アイデアのつくり方』がそう。広告や販促に携わる方なら、一度は目にしたことがあるだろう。

彼の唱えるアイデアの発想法は至って合理的だ。それは――「アイデアとは既存の要素の新しい組み合わせ以外のなにものでもない」。つまり、アイデアとは0から1が生まれる類いのものではなく、1＋1から3や4が生まれるものである、と。実際、巷にあふれるアイデアは大抵、旧作の焼き直しか、何かのコラボである。

さて、2012年9月27日、新宿に「ビックロ」なる新しい量販店がオープンしたのは、まだ記憶に新しい。当時、随分ニュースでも取り上げられたので、ご覧になられた方も多いだろう。オープン初日、早朝から4000人が行列を作り、開店時間を15分繰り上げたとか。

館内の構成は、地下3階から地下1階までと、地上4階以上がビックカメラ。1～3階がユニクロである。で、ニュース映像として登場するのは決まってユニクロのフロア。そこではユニクロのフリースを着たマネキンがデジカメを持っていたり、レディースの冬物売り場の横で暖房器具が売られたりしていた。「なるほど、これがコラボか」と納得した記憶がある。

しかし、である。

冷静に考えたら、それは地方などによくあるショッピングモールと何が違うのだろうか。イオンの中にユニクロやビックカメラが入居する例は、特段珍しくない。それにイオンのほうがほかにも色々な専門店があって便利だ。でも――僕らは当時、確かにビックロに新しさを感じ、そのうえ4000人が行列を作ったのだ。僕もオープンから3日後の週末に来店したが、それはそれは大変な混雑ぶりだった。でも、冷静になって考えると、そこで売られているのはユニクロの商品とビックカメラの家電品にすぎない。そこでしか買えないものはない。

恐らく――僕らは「1＋1」の魔法に弱いんだと思う。前述のヤングの法則に従えば、「アイデアとは既存の二つの要素の組み合わせ以外のなにものでもない」――つまり、巷の量販店と違い、あえて二つのコラボに絞った戦略に、僕らは〝新しい何か〟を見たんだと思う。

実際、フロアを行き交う人々の目は、新しいおもちゃを与えられたような輝きに満ちていたのだから。

ドラえもんの道具に惹かれるワタシ

自分の描いた絵が立体になって紙から飛び出して動いてくれたら……
そんな願望を「colAR」なら叶えてくれる。

国民的アニメと聞いて、何を連想します？

まぁ、世代ごとに色々な意見があると思うけど、やはり『ドラえもん』は外せない作品の一つだろう。

今は亡き藤子・F・不二雄先生の代表作。22世紀からやってきたドラえもんが小学生ののび太の家に居候して、未来の道具を使って彼を助ける物語である。1969年に小学館の学年誌に登場して、1979年にはテレビ朝日でアニメもスタート。1980年には映画化され、シリーズは今も続く。親子2代にわたるファンも少なくない。

人気の秘密は、やはりのび太が困った時にドラえもんが四次元ポケットから出してくれる未来の道具である。それらは夢にあふれ、例えば「どこでもドア」や「アンキパン」など、本当にあればいいのに……と願望した経験は誰しもあると思う。もちろん、21世紀の今になっても登場していないけど。

ところが——2013年にスマホやタブレット用アプリとして登場した「coIAR」は、そんなドラえもんの道具を一瞬、彷彿させるアイテムなのだ。「自分が描いた絵が立体化して紙から飛び出して動いたら……」という願望を叶えてくれるアプリである。

その手順は、まず公式サイトから飛行機や鳥などの下絵が描かれた用紙をプリントアウト。これに好きな色を塗り、あとはスマホやタブレットのアプリを起動して、その絵をかざして見るだけ。すると——次の瞬間、塗り絵が紙からポンッと飛び出して、3D映像としてダイナミックに動き回るのだ。自分の描いた絵が立体化して躍動する様子は、まさにドラえもんの道具そのもの。

その種明かしは、AR（拡張現実）の機能である。サイトにある専用の塗り絵用紙がARに対応しており、スマホやタブレットのカメラを通すことで、立体化して動く仕組み。ユーザーが勝手に描いた絵が3Dになるわけじゃない。でも、僕らはつい自分の絵が動いたと錯覚する。

そう、このアプリが巧妙なのは、AR機能とユーザーのカスタマイズ欲を「塗り絵」という手段で結びつけたこと。実はARの技術そのものは昔からあり、様々な用途で使われてきたが、今一つジャストなアイデアがなかった。それが「塗り絵」だと、ユーザーはあたかも自分が描いた絵が現実に動き出したように錯覚する。

大事なのは技術そのものではなく、いかに夢を提供できるか。「ドラえもんの道具」は、その指標の一つなのだ。

絶妙なネーミングに惹かれるワタシ

その絶妙なネーミングは、聞けば2秒で理解できた。
情報過多の時代だからこそ、CMや販売員の説明を代弁できる名前は重要。

かつて三洋電機が発売した、米からパンを作るホームベーカリー「GOPAN」（ゴパン）が爆発的人気を博した騒動を覚えているだろうか。もう、あれから5年近くが経つ。

事の経緯はこうだ。時は2010年10月。三洋電機から発売予定だったGOPANに発売前から予約が殺到、三洋は急遽、在庫不足から発売を11月11日に延期する。だが、発売後も、その食感が評判を呼び、あっという間に当初の生産予定5万8000台の予約を達成。すると、今度は飢餓感からネットオークション市場が過熱。一時は定価の倍の10万円で取引される事態に。とにかく同製品が売れに売れた騒動である。

それにしても、なぜこんなに売れたのか。

一つは、世界で初めて〝米粒〟からパンを作れるようにした技術革新である。これまでも〝米粉〟からパンを作るホームベーカリーはあったけれど、同製品の場合、市販のお米をそのまま使えるようにした点が大きい。

また、比較的コンパクトな製品サイズも人気を後押しした。米を砕くための高回転数のモーターと、生地をこねるための低回転数のモーターとを一つの回転軸で実現できたのが、ダウンサイジングにつながったとか。

でも――それだけで、あそこまで爆発的人気が出ただろうか。

思うに、売れた最大の要因は、僕は絶妙なネーミングにあったと思う。GOPAN（ゴパン）――一度聞いただけで、「ごはん」で作る「パン」の機械と理解できる。シンプルだし、2秒で覚える。話のネタにもしやすい。

現代は情報が氾濫する時代である。もはや僕らは情報をコンプリートすることなど不可能。日々、流れる情報を断片的に眺めるしかない。そんな時、一度聞いただけで商品特性までスーッと理解できる商品名は貴重だ。商品特性をうたうテレビCMも、家電量販店の販売員の詳しい説明もいらない。

かつて、ネーミングがもてはやされた時代があった。「ウォークマン」「通勤快足」「写ルンです」「音姫」「宅急便」――それらは、商品名を聞いただけで瞬時に、その商品特性を想起させた。

そう、ネーミングを侮ってはいけない。絶妙なネーミングには、商品を爆発的にヒットさせる潜在力がある。

再び、ネーミングの時代が訪れるかもしれない。

いいネーミングに弱いワタシ

優れたネーミングには、商品の予備知識がなくても
人々を惹き付ける不思議な力が備わっている。実際、僕がそうだった。

先日、いつものように某大型書店内を散策していた時の話である。ふとコミックコーナーで平積みになった、ある本に目が止まった。タイトルは『僕だけがいない街』。聞いたことがない。元々、コミックの世界は詳しくないので、僕が知らないだけかもしれない。手に取る。パラパラとめくると、どうやらタイムループ系の話らしい。面白そうだ。バックナンバーを探すと、まだ数巻しか出ていない。僕は全巻を手に取り、レジに向かった。

それにしても、あの日、なぜ僕は初めて目にしたコミックに惹かれたのか。

――タイトルだ。「僕だけがいない街」という秀逸なタイトルに、一瞬で心を奪われたからである。

話は変わって、時代は40年近く前にさかのぼる。1976年7月。武蔵野美術大学に通う24歳の学生、村上龍のデビュー作『限りなく透明に近いブルー』が芥川賞を受賞した。それは麻薬とセックスに溺れる米軍基地の町・福生の若者たちの青春を描いた作品で、その過激な性描写と若き新人作家の出現にマスコミが飛びつき、社会現象となった。そして瞬く間に100万部が売れた。普通、1万部も売れればベストセラーと言われる純文学の世界。なぜ、そんなに売れたのか。

これも多分にタイトルのおかげだと言われた。実際、同作品は主要購買層が20代の女性たちで、当時、彼女たちは購入した本にブックカバーをつけず、裸のまま持ち歩いた。それは、村上自身が描いた女性の横顔のイラストの上に、タイトル「限りなく透明に近いブルー」が重なる表紙が、おしゃれだと評判を呼んだからである。

正直、同作品は決して大衆受けする内容ではなかった。その過激さから、どちらかと言えば読み手を選ぶ作品だった。それでも女性たちが競うように持ち歩いたのは、ひとえにタイトルが秀逸だったからである。

ほかにも、タイトルでヒットした例に、映画『ランボー』がある。原題は「First Blood」。日本公開にあたり邦題を主人公の名前にしたところ、本国アメリカをしのぐ大ヒット。2作目以降はオリジナルも「ランボー」に改題されたいわくつきの作品だ。

そう、ネーミングの魔力。もちろんタイトルやネーミングの重要性は誰もが知るところだが、冒頭でも紹介したように、いいタイトルには、お客に商品の予備知識がなくても思わず手に取らせる不思議な力が備わっている。

歳時記が好きなワタシ

「恵方巻き」を実践する世代は、若い世代に多い。
彼らは古き良き日本の文化に慣れ親しみ、歳時記をイベントとして楽しむ。

子どもの頃、節分の日に豆まきはしても、「恵方巻き」を食べた記憶はない。いつからだろう。恵方巻きが年中行事の一つになったのは——。

聞くところによると、関西地方の一部地域では昔から行われていたらしいが、全国区のイベントになったのは、恐らく1990年代半ば以降ではないだろうか。それが今や、コンビニやスーパー、デパ地下などは1月アタマから恵方巻きの予約受け付けを行うのが慣例行事となっている。

さて、恵方巻き。方位神の一つである歳徳神が〝福〟を司ることから、その年に歳徳神のいる方角を「恵方」と呼ぶことに起因するらしい。で、節分の日にその恵方を向いて、願い事を心に思いながら、太巻きを切らずに食べる行事である。太巻きには「福を巻き込む」意味があり、具が七種なのも七福神にちなんでいる。切らずに食べるのは「縁を切らない」ため。要するに——立春前のゲン担ぎの行事である。

面白いことに、そんな恵方巻きの行事に積極的に参加しているのは、比較的若い世代が多い。本来、日本の〝歳時記〟と最も縁遠いと思われる世代が、律儀にも伝統行事を守っているのだ。

——とはいえ、それは僕ら古い世代の先入観。実のところ、最近の若い世代は、その種の日本古来の歳時記に割と積極的なのだ。彼らは正月七日には「七草粥」を食べ、春と秋の「お彼岸」にはお墓参りをし、「母の日」と「父の日」は親孝行を忘れず、「七夕」「土用丑の日」「お月見」「紅葉狩り」「柚子湯」といった季節の行事は律儀に守る。筍、秋刀魚、牡蠣といった旬の食材にも敏感だ。

ある調査によると、「家庭の味」という言葉からどんなメニューを連想するかという質問を70代以下の世代に行ったところ、上の世代ほど洋食を挙げ、むしろ若い世代のほうが和食を挙げたとか。それは、戦後に日本の食卓が一気に洋風化して、カレーやハンバーグが家庭の味になった一方、近年、かつての古き良き和食文化が〝おふくろの味〟として見直されていることと無関係ではない。

そう、もはや若い世代にとって、古き良き日本の伝統文化は、慣れ親しむ近しい存在なのだ。

日本は四季の国である。春夏秋冬を通じ、様々な行事がある。元来、イベント好きな若い世代のニーズと、それら日本古来の歳時記との相性は、決して悪くないのだ。

今、若い世代を狙うなら、歳時記だ。

理由を知りたいワタシ

「格安」と「理由」が併記されて、初めてお客はその商品に反応する。
「理由なき格安」には疑念しか生じない。

リーマンショックに揺れた2009年の話である。

その年の11月、政府は月例経済報告で「日本経済は緩やかなデフレ状況にある」と認定した。実際、当時の日本は〝格安〟流行り。ジーユーやイオンは1000円を切るジーンズを売り出し、大手スーパーやコンビニは競って200円台の弁当を並べた。

ところが――必ずしも格安なら売れるというわけでもなかった。思ったよりも売り上げが伸びず、かえって店全体の収益が下がるケースも少なくなかった。そうなると従業員の給与も下がり、デフレスパイラルという悪循環。

実は、一口に「格安」と言っても、売れる格安と売れない格安がある。その違いは――〝理由〟である。

そう、理由。

まぁ、自分に置き換えてみれば分かると思うけど、僕らは単に安いだけの商品は、あまり買わない。格安商品を買う場合は、必ず安いなりの理由に納得して、購入する。

例えば、通販で人気の商品に「訳ありタラコ」がある。あれが安いのは、皮が破れていたり、端が切れていたり、大きさがバラバラだったりと、正規商品にならないからである。安い理由がはっきりしている。でも、味自体は正規商品と変わらない。だから僕らは喜んで訳ありタラコを購入する。

もし、あれが形はキレイなのに格安のタラコだったら――僕らは購入に二の足を踏むだろう。安い理由がないからである。そこに胡散臭さを感じて敬遠してしまう。

近年、流通業界が苦戦する中、アメリカ生まれの会員制倉庫型店舗の「コストコ」が比較的好調なのも、格安の裏に「商品ロットが大きい」という明確な理由が可視化されているからである。人気商品のティラミスは1600円もするが、その重さは1・3キロ。量を考えれば格安である。一目瞭然。実に分かりやすい。

そんな次第で、2009年当時、ファミリーレストランのガストが売り出した「ハミ出るビーフステーキ」が爆発的人気を博したのも、999円という格安料金とともに、「円高還元」という理由を声高に打ち出したからである。

あの時、お客は「円高だからUSステーキが安いんだ」と納得し、安心して注文した。これが理由もなしに999円だと、「もしかして怪しい肉じゃないの？」と余計なことを詮索して売れなかっただろう。

そう、理由なき格安はNGである。

贈りものをしたいワタシ

ネームボトルキャンペーンは、“誰か大切な人のためにコーラを買う”という新たな需要形態を生みだした。

2014年9月、日本のCM界の権威、「ACC CM FESTIVAL」の受賞作が発表された。グランプリ(テレビCM部門)は、小栗旬が桃太郎を演ずる「ペプシNEX ZERO」。映画の予告編を思わせる世界観で、鬼に挑むコピー「自分より強いヤツを倒せ。」が、暗に王者コカ・コーラに挑むペプシを思わせる演出になっていた。クオリティも高く、グランプリに相応しい。

しかし、である。それでお客がペプシを選ぶようになったかと言うと、それは別の話。現代広告の父・デイヴィッド・オグルヴィの言葉を借りれば、「ある製品の販売を増大させるベストの方法は、その製品を改良することだ」――つまり、いくらCMが魅力的でも、商品自体に変化がなければ、お客はなかなか手にとらないってこと。残念ながら、ペプシが先のCM効果で爆発的に売り上げを伸ばしたという話は今のところ聞こえてこない。

一方、そんなペプシがライバルと位置付ける王者コカ・コーラ。かのブランドが世界展開する「Share a Coke」なる広告キャンペーンが今回の主題である。

その発想自体はシンプルだ。コカ・コーラのボトルのラベルに人の名前を入れる――それだけ。最初に行われたのは2012年のオーストラリアで、同国のポピュラーな名前トップ150をボトルに記載し、屋外広告やSNSで告知したところ、わずか3カ月で若年層の消費が7%も増加。同年の「カンヌライオンズ」のゴールドも受賞した。

同キャンペーンはその後、世界各国で開催され、日本でも2014年4月、250種類以上のポピュラーな名前で行われたのは記憶に新しい。約1カ月で1億本以上を売り上げる効果があったと聞く。そして同年夏、キャンペーンは満を持して本拠地アメリカに上陸。なんと長期低落傾向にあった同国のコカ・コーラの売り上げを11年ぶりに増加に転じさせたという。

このキャンペーンが優れている点は、それまで〝自分のために〟買っていたコカ・コーラを、〝恋人や友人のために〟買うという新たな需要形態を生み出したこと。思いを寄せる彼のネーム入りボトルを、コンビニを何軒も梯子して手に入れ、告白代わりに渡すのだ。

人は元来、贈りものが好き。自分のための買い物よりも、誰か大切な人のために買い物をするほうが楽しい。前述のオグルヴィの言葉を借りれば、同キャンペーンはネーム入りボトルで商品自体を魅力的に変えたのである。

まとめ

シンプル

アップルのデザインに多大な影響を与えたディーター・ラムスの「良いデザイン」の10カ条の一つに、「良いデザインは可能な限りデザインをしない」というのがある。つまり、小さなデザインをするなということ。アイデアも同じである。人々に訴える秘訣は、小さなアイデアを盛らないこと。一点突破で。

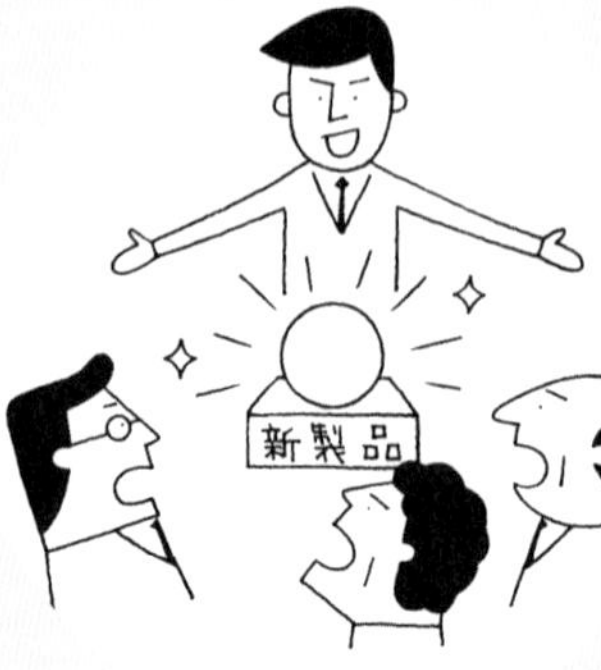

“買う5秒前”の心理⑥

人間力

あえて泥臭く、
人間の魅力を引き出して売れたシーンを分析。

新商品・サービス企画のヒント

購買動機「人間力」を刺激する企画づくりで、知っておきたい消費者インサイト。

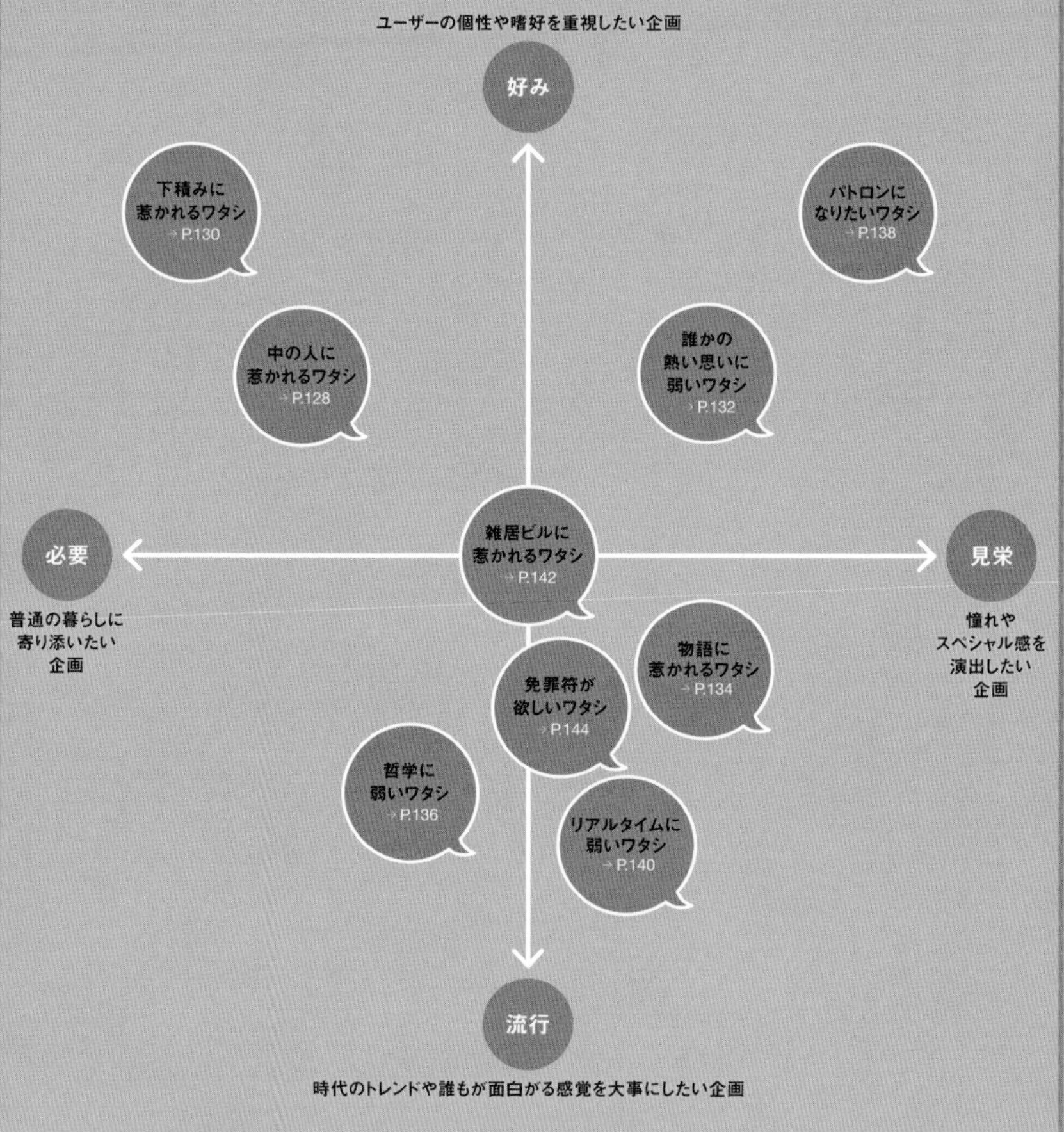

中の人に惹かれるワタシ

ツイッターの公式アカウントの“中の人”人気が、その企業のファン開拓に結びつく。
今や、社員一人ひとりが企業の顔になる時代。

思い返せば、2010年はツイッターが盛り上がった〝SNS元年〟とも言える年だった。2006年にアメリカで誕生したそのSNSは、日本では2009年ごろから盛り上がり始め、2010年には国内ユーザー数はおよそ750万人。まだ炎上騒ぎもなく、今よりずっと平和だった記憶がある。そう、ツイッターの古き良き時代。

開始当初は個人ユーザーばかりだったが、人が集まるところを宣伝媒体として使いたがるのは世の常。企業が販促手段としてツイッターのアカウントを持つのに、そう時間はかからなかった。だが――元来、個人が些細な日常をつぶやくのがツイッターの持ち味。企業の宣伝臭のするつぶやきは浮いてしまい、知名度ほどはフォロワーを獲得できない状況だった。

そんな中、異例の人気を博したのが、「カトキチ」の冷凍うどんなどでおなじみのテーブルマーク社だった。同社のアカウント「KATOKICHI」は2009年暮れの「紅白歌合戦」の放送中、レミオロメンの「粉雪」に合わせて「かとぉぉぉぉきちぃぃぃぃ」とつぶやいたところ、爆発的にフォロワーを増やしたのである。

当時、同社のつぶやきを担当したのは、コーポレートコミュニケーション部の末広栄二部長（現在は退職）。異例の人気を博したのは、ひとえに〝中の人〟である末広部長のパーソナリティーによる部分が大きかった。末広部長は、「おそれいりこだし」などのダジャレを連発するなど、そのつぶやきは、およそ企業の宣伝臭や堅苦しさとは無縁。ユーザーたちは、そんな人間味に惹かれ、フォローしたのである。結果としてテーブルマーク社の商品PRにも結びついたのだから、業務的にも大成功だった。

その後もツイッターで人気を博した企業は〝中の人〟の人間味が見えるものだった。NHK広報局もその一つで、公共放送らしからぬユルいつぶやきが評判を呼び、フォロワー数は民放キー局を遥かに上回る人気ぶり。2014年4月に担当者が引退を表明した際は、別れを惜しむ声でタイムラインが埋め尽くされるほどだった。

そう、いくら大企業でも、中の人に魅力がなければ大衆はついてこない。実はそんな世論を戦略として取り入れたのが米IBM社で、同社は積極的に社員にSNSで発言することを推奨する。それは、社員一人ひとりが魅力的じゃないと、会社も魅力的には映らないという考えのもと。

結局、人間なのだ。

下積みに惹かれるワタシ

不遇の時代があったからこそ、ファンはPerfumeの付け焼き刃じゃない実力を知っている。
下積みは無駄にあらず。むしろマスト。

今や日本の音楽シーンの売れ筋は一部のグループに占められている。AKB48グループ、嵐、SMAP、EXILE、Perfume――テレビで彼らを見ない日はないし、ラジオで彼らの曲がかからない日もない。ソールドアウトしてプラチナ化したコンサートチケットはネットオークションで高値取引されている。

「日本の音楽界もおしまいだね」とその寡占化を批判するのは簡単。でも、売れている彼らには、ちゃんと理由がある。それも――長い下積み期間を経て今の地位をつかんだまっとうな理由。AKB48のデビューは10年前の2005年だし、EXILEは2001年で、嵐は1999年。SMAPに至っては1991年デビューである。

中でも、特に下積みで苦労したのが、Perfumeだろう。何せその結成は、彼女たちがアクターズスクール広島に在籍していた2000年。なんと小学校時代の話である。その後、メンバーチェンジを経て、上京してインディーズデビューしたのが2003年。そして2005年にメジャーデビューを果たすも、売れない日々が続く。秋葉原のイベントスペースや地方のスーパーの駐車場でキャンペーンを開いても、観客はまばら。それでも彼女たちは中田ヤスタカのプロデュースのもと、自分たちの表現を磨き続けた。そして2007年、運命の年を迎える。

その年、まず木村カエラが「最近、気になる人たちがいる」と、ラジオで彼女たちの楽曲をかけまくり、業界内で火が付いた。続いて公共広告機構とNHKの共同キャンペーンのCMに抜擢され、一般の人々の間でも話題になる。「ポリリズム」だ。それからの活躍はご承知の通り。彼女たちは2015年、メジャーデビュー10周年を迎える。

なぜ、Perfumeは第一線で活躍し続けられるのか。楽曲センスがいいから?――それもあるが、それだけじゃない。彼女たちのキャラクターが面白いから?――それもある。Perfumeが第一線で活躍し続ける理由。それは、楽曲やキャラクターの魅力もさることながら、ファンは彼女たちの〝下積み時代〟を知っており、付け焼き刃でない、その実力を買っているからだ。

あのAKB48にも同じことが言える。昨今、女性アイドルグループが雨後の筍のように乱立しているけど、他の追随を許さないのは、地道に支持を広げてきた下積み時代がベースにあるからだ。

そう、下積みは無駄じゃない。むしろマストなのだ。

誰かの熱い思いに弱いワタシ

送り手の熱い思いは、必ずや買い手に伝わる。
それは時に、ベストセラーのランキングよりも人々を魅了し、惹き付ける。

ここ数年、「この先、書店は生き残れるのか？」という議論が続いている。

しかし、「キンドル」や「iPad」などのタブレット端末で電子書籍を読む習慣がすっかり定着した欧米と異なり、日本ではなかなか電子書籍の普及が進まないのが現状だ。2011年暮れに発売されて瞬く間にミリオンセラーとなったスティーブ・ジョブズの自伝も、電子書籍の割合は、印刷の本に比べ、ほんのわずかだったと聞く。

恐らく――日本人は〝本〟というものを単なる「情報端末」ではなく、「嗜好品」という目で見ているのだと思う。装丁や帯のコピー、手に持った時の感触、中の紙質や書体に至るまで、本への思い入れは送り手と受け手、双方とも深い。それは、安価な紙と質素な装丁からなる欧米のペーパーバック文化とは、明らかに異なるものだ。

僕は、そんな日本独特の出版文化がベースにある限り、この先、書店はなくならないと思う。雑誌は電子書籍化が進むかもしれないが、本が嗜好品であり続ける限り、書店にとって、それほど悲観する状況にはならないだろう。

でも、そのためには、今以上に努力も必要。店頭にただベストセラーを並べるだけでは、アマゾンなどのネット通販と変わらず、そういう書店は早晩淘汰される。

東京・新宿にある紀伊國屋書店の新宿南店の3階には、「キノミナの本棚」なるコーナーがある。それは、誰か1人の書店員の〝マイ本棚〟を紹介したもの。なぜ、それを推すのかが手書きのPOPで熱く語られ、読むだけで楽しい。そして実際、そのメッセージに触発され、購入してしまうお客も少なくない。

考えてみれば、わざわざ書店に足を運ぶということは、自分の知らない本との〝出会い〟を期待するからである。その際、書店員の描いた手書きのPOPは大いに参考になる。キノミナの本棚は、書店員の熱い思いのラインナップだ。そこでの出会いは、ネット通販や電子書籍では得られないもの。そんな熱い思いに触発され、手にとって装丁や紙質に共感し、やがて購入へとつながる。

いや、その種の仕掛けは書店に限らないだろう。あらゆる業種において、単に売れ筋の商品を並べるだけでは、そのうちネット通販に淘汰されてしまう。今や、お客の足をわざわざその店に運ばせる、売り手側の〝熱い思い〟が必要なのだ。

お客も、きっとそれを望んでいる。

物語に惹かれるワタシ

不遇の時代からアンダーガールズセンター、そして選抜入りを果たした梅田彩佳。
ファンはそんな彼女の“物語性”に惹かれる。

2012年のロンドン五輪で、日本は史上最多の38個のメダルを獲得した。それだけ多いと、やはり印象の強いメダルと、そうではないメダルとが混在するのは仕方ない。印象度で言えば、なでしこジャパンのサッカー銀メダルや内村航平の体操個人総合金メダル、水泳男子400mメドレーリレーの銀メダルや女子バレーの銅メダルあたりを覚えている人が多いだろう。

中でも男子水泳チームは、バタフライの松田丈志選手が発した「康介さんを手ぶらで帰すわけにはいかない」の名言も手伝い、強く印象に残っている。それは、3大会連続2冠を賭けて戦った北島康介選手の、ロンドン五輪でのメダルをチーム全員で勝ち取ったというストーリーが見えるからである。

そう、僕らは〝物語〟に惹かれる。背後にストーリーが見えると、俄然肩入れしたくなる。

その法則は、あのAKB48の中にも見受けられる。例えば、ロンドン五輪と同じ年の総選挙で、悲願の選抜入りを果たした梅田彩佳もそうだった。

相変わらず高い人気を誇る同グループだが、一つ死角があるとするなら、世代交代が指摘される。研究生は正直、なかなか日の目を見ないのが現状だ。2012年の総選挙でも、新たに選抜に入ったのは梅田彩佳ただ1人。しかも彼女は2期生で既に20代と、もはや年長組。そんな彼女が、なぜ支持を増やせたのか。

彼女は2006年にAKB48に加入するも、まもなく疲労骨折を患い、1年半もグループを離脱する。復帰後、彼女の居場所はなく、2009年に行われた第1回「選抜総選挙」ではランク外。だが、ここから彼女は盛り返す。

翌年、第2回選抜総選挙では32位と、初のランクイン。さらに第3回選抜総選挙では22位となり、カップリング曲「抱きしめちゃいけない」で一躍センターを務め、脚光を浴びる。一時は1年半もグループを離脱して半ば忘れられた存在だった彼女が、カップリング曲のセンターに。それはサクセスストーリーとして多くのファンの胸を打った。そして、第4回選抜総選挙で悲願の選抜入り――。

正直、研究生の中には、ビジュアルも才能も備えたメンバーが数多いる。純粋に素質の面で言えば、先輩たちをしのぐだろう。

それでも、なかなか脚光を浴びないのは、ひとえに〝物語性〟に欠けるからである。

哲学に弱いワタシ

連日、お客は長い行列に耐えてでも、その店の料理を味わいたいと思う。
ひとえに、その店名に「哲学」を感じたからである。

僕らは基本、流されやすい。こう言ってはなんだけど、普段から確固たるポリシーを持って行動しているわけじゃない。ある日、強烈な個性を持った人間が目の前に現れると、割と簡単になびいてしまう。

例えば、かつての小泉首相や、昨今の橋下大阪市長にしても、その言動どうこうより、強烈な個性に大衆はなびいてしまいがちだ。内容はともかく——。

多分、僕ら平凡な人間は〝哲学〟に弱いんだと思う。「自分はこう考える。だからこうだ!」とはっきりと主張するタイプの人物に弱い。会社の会議もそうだが、誰かが「その案は××という理由で、自分は賛成です」と言えば、そこにいる全員が議論なしに、割とすんなりと受け入れてしまいがちだ。

一旦、話を変える。

銀座に「俺のフレンチ」なるレストランがある。2012年5月にオープンして、瞬く間に人気店になった。もう随分、ツイッターやフェイスブック、「食べログ」などでも話題になったので、その名を知らない人はいないだろう。

シェフはシェ松尾の元総料理長。味は申し分ない。が、人気の理由はそれだけじゃない。破格の安さとボリュームだ。ほとんどの料理は1000円以下で、ワインもフルボトルが2000円台と超リーズナブル。連日超満員なのもうなずける。予約できる2階席もあるが、2カ月先まで埋まっており、一刻も早く味わいたいなら、行列に並ぶしかない。それでも90分待ちは必至である。

とはいえ、安くて美味しいフレンチというだけで、ここまで繁盛するものだろうか。席は立食で、お世辞にもリラックスして楽しめる雰囲気じゃない。デートにも不向きだろう。でも、連日超満員。

恐らく——その店名「俺のフレンチ」に繁盛するカギがある。これが、よくある上品なフランス語の店名なら、ここまでの反響はなかっただろう。それが「俺のフレンチ」だと、店側の強い意志を感じる。「立食で店内装飾も簡素だが、料理だけは本物。しかも安く提供します」と。

そう、僕らはやっぱり哲学に弱い。店を繁盛させる方法に、料理や価格のほかに、新たに哲学が加わったことを、かの店は教えてくれたのだ。

そういえば、池袋に「カレーは飲み物。」なる一風変わった店名のカレー屋があるが、こちらも盛況。それも、お客が店名に〝哲学〟を感じたからだろうか。

パトロンになりたいワタシ

AKB48の握手会に、ファンは同じCDを何枚も購入して参加する。
もはやファンというよりパトロンである。

さる2014年5月25日――。岩手県滝沢市で行われたAKB48の握手会で事件は起きた。突然、刃物を持った男が同グループのメンバーに斬り付け、川栄李奈と入山杏奈、そして男性スタッフの3人に怪我を負わせたのである。

さて、話は変わり、これも同じ頃の話。ミュージシャンのスガシカオがツイッターでこんな発言をした。「ダウンロードよりもCDを買ってほしい」。フォロワーたちがその理由を尋ねると、「DLだとほとんど利益がない。制作費が赤字になり、次の作品のメドが立たない」と。

実際、日本の音楽市場は縮小の一途をたどっている。現在のマーケットはピークだった1998年の半分程度。それに伴い、今や音楽業界はライブなどのイベントで利益を捻出するやり方が主流になりつつある。例えばエイベックスは、CDやダウンロードの販売よりも、ライブや夏フェスの売り上げのほうが上回るほど。

それにしても、1000円のCDが売れない一方で、なぜ数千円から数万円もするライブが盛況なのか。それは――お客のパトロン化が背景にある。

元々、音楽家にパトロンはつきものだった。モーツァルトやベートーヴェンの時代、彼らは貴族の支援なしでは生計を立てられなかった。いや、長い音楽の歴史を見れば、音楽家がレコードやCDを売って生計を立てられるようになったのは、たかだかこの半世紀に過ぎないのだ。

そこで、冒頭の話に戻ってAKB48の握手会である。かのグループがCDに握手券を同封し、ファンたちがメンバーと何回も握手したいがために同じCDを複数購入するのは周知の事実。それは「AKB商法」と言われ、冒頭の事件をその弊害と評する向きもある。

しかし、である。CDの売れない時代、ファンが同じCDを何枚も買うのは、握手会で直接彼女たちに応援の言葉を贈りたいから。つまり――ファンというよりパトロン目線に近い。複数のCD購入は、自分の〝推しメン〟への一種の投資なのだ。

実は音楽業界に限らず、今、人々の消費行動が一歩進み、商品や企業を「パトロネージュする」現象が目立ってきた。映画『アナと雪の女王』のヒットにしても、何回も劇場を訪れるリピーターのおかげである。彼らもまた、見方を変えればディズニー社のパトロンと言える。

お客をパトロンへと変えるのも、この厳しいマーケットを生き抜く答えの一つかもしれない。

リアルタイムに弱いワタシ

開幕前は、ワールドカップがいつ始まるかさえ知らなかった彼女が、
いざ始まると誰よりも熱狂していることは珍しくない。

オリンピック前に必ず巷で聞かれる台詞がある。

「今回は盛り上がりに欠けるねぇ」。

ところが――いざ蓋を開けると、これも毎度のことだけど、必ず盛り上がる。元来、日本人は熱しやすく冷めやすい国民性。まぁ、いつものことだ。

そう、2010年のバンクーバー冬季五輪の時もそうだった。開幕前はイマイチ盛り上がりに欠けると言われていたのに、開幕したら連日大盛り上がり。浅田真央が銀メダルを獲得したフィギュア女子フリーなんて、昼間の放送だというのに36・3％の高視聴率。

それにしても、なぜ僕らはオリンピックが巡ってくる度に、「今回は盛り上がりに欠けるねぇ」などと、毎度同じ過ち（?）を繰り返すのだろうか。

リアルタイムの魔力だ。

要は、100の事前PRよりも、一瞬のリアルタイム映像。開幕して連日、熱戦の模様がテレビなどで報じられると、たちまち虜になる。いくら事前PRを一生懸命しようと、ナマの中継映像に勝るものはないからだ。

これが〝リアルタイム〟の魔力。例えば、ゴールデンウィークに何も予定がなかったはずが、いざ連休が始まり、連日ニュースで各地の行楽地や空港の混雑ぶりを報じられると、居ても立ってもいられなくなるアレである。

よく、「商品こそ最大の広告」と言うが、結局、事前PRで得られる情報量と、本番が始まってリアルタイムで得られる情報量とでは、圧倒的な差があるのだ。いくらティーザー広告に力を注いでも、クライアントや広告会社が思っているほど消費者には届いていないのが実状。

同じ年に開かれた「FIFA ワールドカップ南アフリカ大会」の時もそう。いつものように、大会前は巷にこんな声があふれていた。「今回は盛り上がりに欠けるねぇ」。

だが、いざ始まると、世間の関心はワールドカップ一色に。史上初のアフリカ大陸開催、強豪国が次々と敗退する波乱の展開、会場を覆うブブゼラの騒音――話題は尽きなかった。そのうち日本代表が決勝トーナメントに進むと、サッカーの「サ」の字も知らない女の子までもが、ユニフォームに着替えてテレビの前で応援するまでに。

リアルタイム――それは、何ものにも代えがたい魔法の力。恐らく2020年の東京オリンピックでも、大会前は巷で毎度同じ台詞が繰り返されるに違いない。

「今回は盛り上がりに欠けるねぇ」。

雑居ビルに惹かれるワタシ

雑居ビルは個人経営の店が多く、行く度に発見に満ちている。
浅はかな人間の知恵（都市計画）ではなく、長い時間をかけて育まれるから。

冬の東京・お台場に来て驚くことがある。

驚くほど人が少ないのだ。夏の間、あれほど押し寄せた人波は見る影もない。季節柄、修学旅行生や観光客の姿もなく、営業中の店はどこもガラガラ。その様子が余計に寒さを際立たせる。

フジテレビがこの街へ越してきて18年。当初はそこかしこに点在した空き地も、気が付けば商業施設やホテルなどが建ち、整然とした街並みを形成する。2020年の東京オリンピックに向けてフジテレビや三井不動産、鹿島らが組んでカジノを誘致する計画もあり、実現すれば日本有数のエンターテインメントタウンになる。

街並みは美しい。治安もよい。未来も明るい。だが——はっきり言おう。この街は面白くない。テナントは大資本のショップや有名チェーン店が多く、穴場のラーメン店も隠れ家のワインバーもない。何がどこにあるかは全て案内板に表示され、掘り出し物を探す楽しみがない。

以前、ある建築家がこんなことを言っていた。「街の繁栄に一番大切なのは、作られた時間の長さなんですよ」

曰く、東京なら、繁華街の多くは江戸時代の武家屋敷で、260年という長い時間をかけて作られたと。言われてみれば、六本木は毛利家の長州藩、麻布は伊達家の仙台藩があった土地だ。面白いことに、江戸時代の武家屋敷のエリアは、現在の山手線の内側とほぼ重なるらしい。

反対に、お台場一帯は都市計画によって短期間で作られた街だ。高島平などのニュータウンの現状を見ると、前述の建築家の説にうなずかざるを得ない。要は、街が栄えるのに大切なことは、都市計画といった人間の浅ましい知恵ではなく、いわゆる〝神の見えざる手〟——そこに暮らす人々の長い時間の積み重ねだってこと。現代風に分かりやすく言えば、いわゆる雑居ビルである。

そう、雑居ビル。それは、アメーバのように増殖する街にあって、わずかなスペースに建てられる大小様々なテナントビル。家賃が安く、若い人が独立して店を開いたり、個人経営の個性的な店が入居しやすい。新陳代謝も活発で、そんな雑居ビルがある街は活気にあふれ、適度に猥雑で、客は自分好みの店を探す楽しみがある。

秋葉原をはじめ、六本木や麻布、新宿三丁目といった街に人々が集うのは、雑居ビルのわずか10坪程度の店々が面白いからである。人間の浅はかな知恵ではなく、神の見えざる手が、人々を街に惹き付けるのだ。

免罪符が欲しいワタシ

かつて世の女性たちは「王将」に行きたくても行けなかった。
しかし免罪符を手にした今、彼女たちは大手を振って行列に並ぶ。

「100年に一度の不況」と言えば、リーマンショックに端を発する2009年の日本経済の惨状を思い出す。高級ブランドショップや高級レストランが続々と店を閉じ、六本木から外国人が姿を消した、あの頃――。

だが、その一方で、かの年に新たなる消費文化が芽吹いたのも事実。「H&M」や「フォーエバー21」などの海外生まれのファストファッションが一躍ブームとなり、一方、それまで男性の聖地と見られていたチェーン店の「餃子の王将」に女子高生や女子大生らが殺到する事態も。

え？ 単に不景気だから安いお店にシフトしたんだろうって？

ノン。いくら格安といわれる店でも、100年に一度の不況で閉店した例は数多ある。結局、前述のように当たった店は、安いだけではなく、何かしらの＋αがあったのだ。その一つに〝免罪符〟がある。

そう、免罪符。元々は、ローマ・カトリック教会が発行した、罪に対する罰が免除される証書のことだが、それが転じて罪や責めを免れる意味を指すように。今回で言えば、「その店に行ける大義名分」という意味になる。

H&Mやフォーエバー21などのファストファッションが人気を博したのは、〝安い〟ことに加え〝日本初上陸〟というプレミアムのお陰である。流行の先端を求めたがる世の女性たちにとって、新しいことは何よりも免罪符。「ファッションセンターしまむら」に女子高生らが訪れるのも、カリスマモデルの益若つばさが愛用しているのが免罪符になったからである。

そして――かの餃子の王将に殺到する女性たち。2009年、それまで男性の聖地と言われていた大衆餃子チェーン店の人気に火が付いたのも、テレビ番組の『アメトーーク！』のお陰である。いわゆる〝餃子の王将芸人〟たちが登場し、かの店を語り尽くしたのだ。そしてチュートリアル徳井のようなイケメンでも王将ファンという事実が免罪符となり、翌日から女性客が行列を作ったのである。

ベーシックに言えば、人は誰しも格安店で洋服を買いたいし、餃子チェーン店で美味しい料理を食べたい。でも、世間体を気にする若い女性たちにしてみれば、ただ安いからという理由で訪れるのは気が引ける。

そこで、免罪符である。「日本初上陸」「カリスマモデルも利用」「芸能人のファンが多い」――それらの免罪符があれば、大手を振って来店できるのだ。

まとめ

人間力

幕末の英雄、西郷隆盛が多くの志士を惹き付けたのは、その人間力だと言われる。正直、彼より優れた能力を持つ者たちはいた。政治力では同郷の大久保利通にかなわなかったし、軍の指揮官としての能力も長州藩の大村益次郎に及ばなかった。それでも彼が慕われたのは、マニュアルとか計算以外の〝人間力〟の部分で勝っていたから。結局、人間の魅力が一番。

あとがき

この本は、宣伝会議の月刊誌『販促会議』の連載をまとめたものです。

連載開始は２００９年６月。前年秋のリーマンショックで世界中が不況に喘いでいた時代でした。高級レストランやブランドショップが次々に閉店し、代わって激安レストランやファストショップが街に増殖。アメリカのオバマ大統領の誕生に続いて、日本にもチェンジの波が押し寄せ、夏の終わりに民主党政権が誕生。秋にはＡＫＢ48が「ＲＩＶＥＲ」で初のオリコン１位を獲得。翌年になると、今度はツイッターが世間を席巻――とまあ、この６年だけで、日本は随分、いろいろなことがありました。

それだけに、変化に富んだ時代を背景に、様々な〝買う５秒前〟のサンプルを集められたと思います。

最後に、この場を借りて、６年前に連載開始の英断を下された宣伝会議の中澤圭介さん、毎回、センスあふれる面白いイラストを描いてくれた高田真弓さん（この本の面白さの半分は彼女のおかげです）、素晴らしいデザインと装丁で単行本をカッコよく仕上げてくれたデジカルの萩原弦一郎さん、そして担当編集長として最高の仕切りで単行本化を進めてくれた宣伝会議の浦野有代さんに、心より御礼申し上げます。

さて、僕らは５秒後に、今度は何を買うのでしょうか――。

２０１５年１月

草場　滋

2009年

1月 蛯原友里が『CanCam』から『AneCan』へ移籍

「Change Yes We Can!」のスローガンを掲げてバラク・オバマが大統領に就任。米史上初のアフリカ系大統領が誕生

2月 油分を72%カットしたポテトチップス「ポテかるっ」発売。ブログなどで話題に

4月 新宿マルイ本館オープン。「スターバックスコーヒー ブラックエプロン」も館内に日本初出店

丸の内朝大学開校。「朝活」がブームに

原宿に「フォーエバー21」の日本1号店オープン。前年に日本上陸した「H&M」とともにファストファッションブームのけん引役に

恵比寿に「ホルモンキング」がオープン。若い女性たちが〝ホルモンヌ〟と呼ばれるように

5月 村上春樹の7年ぶりの長編『1Q84』発刊。約6週間で1、2巻合わせて200万

・背伸びしたいワタシ――012

・小ネタが欲しいワタシ――042

・黒に惹かれるワタシ――016

・〝ちょいマジ〟なワタシ――086

・男子レスなワタシ――092

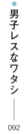

部超え、ベストセラーに
6月 米『TIME』誌の表紙に「ツイッター」登場
7月 ガンダム30周年。お台場に実物大のガンダムが登場
8月 民主党が衆院選で圧勝。翌月、鳩山由紀夫内閣が成立。政権交代へ
10月 テレビ朝日『お願い!ランキング』スタート。〝ちょい足し〟が流行に
AKB48の14枚目のシングル「RIVER」発売。同グループ初のオリコン1位に
11月 皇居ランブームを受け、TFMビルにランナーズサテライト「JOGLIS」がオープン
プロボクシング「内藤大助×亀田興毅」戦。43・1%の高視聴率
12月 銀座に〝アバクロ〟の日本1号店オープン
ドラマ『JIN－仁－』が最終回で25・3%の高視聴率

●チェンジしたいワタシ —— 018

●ひとり時間が好きなワタシ —— 096

1月 平城遷都1300年祭（～12月）
映画『アバター』が大ヒット。前年末に公開後、3D映画に脚光

3月 原宿にハワイ生まれの「エッグスンシングス」がオープン。連日行列ができ、パンケーキブームの火付け役に
前年発売の桃屋に続いてエスビー食品も「食べるラー油」を発売。ブーム過熱
テレビの『アメトーーク！』の影響もあり、「餃子の王将」を展開する王将フードサービスが売上を大きく伸ばす
NHK朝ドラが8時からに時間変更。『ゲゲゲの女房』ヒット

5月 「カトキチ」ブランドを持つテーブルマーク社のツイッターアカウントのフォロワーが2万人を突破。〝中の人〟に脚光

6月 「iPhone4」発売。4月にNTTドコモから発売された「Xperia」とともに〝スマホ〟ブーム到来
ヒカキンがYouTubeにアップした

ビートボックス動画が世界的に脚光。一夜
にしてスターに
小惑星探査機「はやぶさ」が地球に帰還。
ブームに
「2010 FIFAワールドカップ南アフリカ大会」開幕。日本はグループリーグを突破し、ベスト16に

7月 実物大の恐竜たちが動き回るショー「ウォーキング・ウィズ・ダイナソー」が日本上陸
『もしドラ』が100万部に

8月 ユーザーの見たい映画の賛同者を集め、劇場公開するギャザリングのサイト「ドリパス」が運営開始
小雪のテレビCM効果もあって、ハイボールがブームに

11月 1ドル=80円の円高に
自宅でパンを焼ける三洋電機の「GOPAN」が大ヒット
Perfumeが東京ドームライブを開催

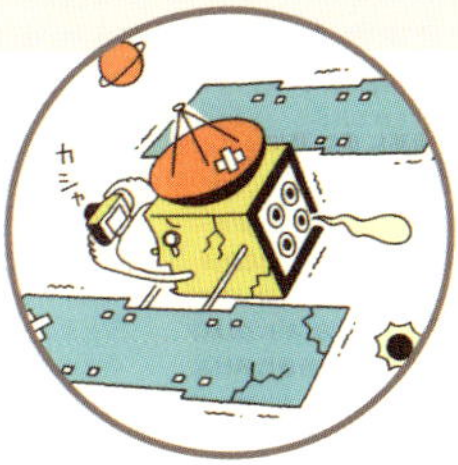

1月 日本マクドナルドが「Big America 2」キャンペーンを開催
映画『ソーシャル・ネットワーク』公開。フェイスブックに脚光
博報堂生活総合研究所の調査発表。節分行事の体験で「恵方巻き」が「豆まき」を上回る

2月 「第5回東京マラソン」開催。沿道に200万人の観衆集まる

3月 東日本大震災
九州新幹線全線開業。「祝！九州」のテレビCMが一旦打ち切られるも、YouTubeで話題に。後にカンヌライオンズ金賞を受賞

4月 ドラマ『マルモのおきて』がヒット。芦田愛菜と鈴木福が人気に
KARAのシングル「ジェットコースターラブ」がオリコン1位。少女時代とともにK-POPブームを牽引

5月 東京ドームでSCRAPが「リアル脱出

●“終わり”があるから楽しいワタシ ―― 088
●歳時記が好きなワタシ ―― 120

●ハードルが好きなワタシ ―― 026
●応援したいワタシ ―― 044
●やっぱりリアルが好きなワタシ ―― 068

ゲーム」を開催。3日間で1万2000人を動員

6月　「AKB48第3回選抜総選挙」で前田敦子が1位に返り咲く

カンヌライオンズでルーマニアのチョコレート「ROM」のキャンペーンが2部門でグランプリ

ドイツで「2011 FIFA女子ワールドカップ」開催。なでしこジャパンがアメリカを破り初優勝

8月　島田紳助、芸能界を引退

10月　スティーブ・ジョブズ死去。同月に伝記が発売

タカラトミーから、従来の単線レールをそのまま複線として使う「プラレールアドバンス」発売

11月　ファミリーマートで「スライム肉まん」発売。SNSで話題に。1週間で100万食の出荷を完了

12月　代官山 蔦屋書店オープン

●“作り手”になりたいワタシ——048

●オプションに弱いワタシ——038

●“怖いもの見たさ”のワタシ——072

●お祭り騒ぎが嫌いなワタシ——074

1月　ＮＨＫ朝ドラ『カーネーション』が25％の同ドラマ最高視聴率を記録

日本テレビ『ＺＩＰ！』の名物コーナー「ＭＯＣＯ'sキッチン」でオリーブオイルが４回使われる

3月　Ｐｅａｃｈ就航。７月にはジェットスター、８月にはエアアジア（現・バニラ・エア）が就航し、ＬＣＣが航空業界を席巻

4月　東急プラザ　表参道原宿、ダイバーシティ東京、渋谷ヒカリエと都内の新名所が相次いでオープン

5月　池袋で男性７５０人×女性７５０人の「池コン」が開催されるなど、この年〝街コン〟が大ブームに

銀座に「俺のフレンチ」１号店オープン。瞬く間に行列店に

東京スカイツリー開業。初年度の来場者数は目標の４００万人を上回る約５５４万人

6月　「ＡＫＢ48第４回選抜総選挙」で名古屋を拠点に活動するＳＫＥ48が躍進。梅田彩佳

●目玉は一つでいいワタシ —— 110

●哲学に弱いワタシ —— 136

●第２集団が好きなワタシ —— 076
●物語に惹かれるワタシ —— 134

が選抜入り
前年11月に発売した「マルちゃん正麺」が出荷1億食を突破
NTTドコモから「ギャラクシーS3」発売

7月　ロンドン五輪開幕。日本は史上最多の38個のメダルを獲得
アメリカのインターネットラジオ「Pandora（パンドラ）」が、米音楽メディアの総聴取時間で1位に

9月　新宿にビックカメラとユニクロの共同店舗「ビックロ」オープン。初日に4000人が行列

10月　LINEの登録ユーザー数が日本国内で3200万人を突破
京都大学の山中伸弥教授がノーベル生理学・医学賞受賞

12月　第46回衆院選で自民党が大勝。3年ぶりに自公連立政権が復活

●人間工学に惹かれるワタシ——030

●「1＋1」の魔法に弱いワタシ——112

●一人の時間は好きだけどひとりぼっちは嫌いなワタシ——052

1月　この年、伊勢神宮と出雲大社で「遷宮」が行われ、両神社への参拝がブームに
日本マクドナルドが「60秒」キャンペーン。SNSで話題に
トヨタのナビ代プレゼントキャンペーンのテレビCMに林修先生登場。「今でしょ！」が一躍ブームに
4月　NHK朝ドラ『あまちゃん』放映開始。「じぇじぇじぇ」が流行語になるなど社会現象に
ハウス食品「バーモントカレー」が発売50周年を記念したキャンペーンを実施
油を使わず揚げ物ができるフィリップスの「ノンフライヤー」日本発売。品切れ状態に
5月　長嶋茂雄・松井秀喜が国民栄誉賞を受賞
6月　富士山が世界文化遺産に登録
ワコールから夏用の「大きな胸を小さく見せるブラ」発売。２０１０年の発売以降、潜在マーケットを掘り起す

「AKB48第5回選抜総選挙」で指原莉乃が初の1位。〝ぱるる〟が昨年の23位から12位に躍進

7月 宮崎駿監督の映画『風立ちぬ』公開。興行収入120億円を突破

8月 AKB48の32枚目のシングル「恋するフォーチュンクッキー」発売。YouTubeでタイアップ相次ぐ

9月 セブン-イレブンが「セブンカフェ」の導入完了。コンビニコーヒー戦争激化

2020年の夏季オリンピック開催都市に東京が決定

TBSドラマ『半沢直樹』の最終回視聴率が42・2%。平成の民放連ドラ第1位

10月 布団クリーナー「レイコップ」の累計販売台数が75万台を突破

JR九州の豪華寝台列車「ななつ星」が運行開始。高額料金でも予約殺到。

楽天の田中将大投手が24勝。無敗のままシーズンを終える

●ちょっと欠けているほうに惹かれるワタシ —— 078
●表現したいワタシ —— 058

2014年

1月 前年12月に函館にオープンした蔦屋書店が口コミで話題に
テレビ東京で『妖怪ウォッチ』のアニメがスタート。関連商品も含めて大ヒット
「1000年に1人の逸材」と評される橋本環奈が『アンアン』の表紙に登場
2月 ソチ五輪開幕。フィギュア男子シングルで羽生結弦が金メダル
3月 映画『アナと雪の女王』公開。興行収入が200億円を突破して日本歴代3位に
日本で最も高い大阪市の超高層複合ビル「あべのハルカス」全面開業
プロ野球開幕。広島東洋カープとオリックス・バファローズが好調。同球団を応援するカープ女子とオリ姫が話題に
フジテレビ『笑っていいとも！』が31年半の歴史に幕
映画『永遠の0』が興行収入86億円を突破。邦画実写で歴代6位に
4月 コカ・コーラの「ネームボトルキャンペー

ン」開始。約1カ月で1億本以上を売り上げる
『村上海賊の娘』が本屋大賞受賞。発行部数は100万部を突破
坂上忍がレギュラー3番組をスタート、一躍売れっ子に

5月 岩手県滝沢市で行われたAKB48握手会に刃物を持った男が乱入

6月 フィリップスから10分で生麺を作れる「ヌードルメーカー」発売
虎ノ門ヒルズがオープン
富岡製糸場が世界文化遺産に
ものまねタレントのざわちんがフジテレビ『SMAP×SMAP』でマスクを外す

7月 〝サードウェーブコーヒー〟を掲げるコーヒー店が都内に急増し話題に

9月 錦織圭が4大大会の「全米オープン」で男子シングルス準優勝
NHK朝ドラ『マッサン』スタート。ウイスキーに注目集まる

●パトロンになりたいワタシ――138
●〝10分〟なら独占を許せるワタシ――036

買う5秒前

2015年2月26日　初版発行

著　者　草場 滋

発行者　東 英弥

発行所　株式会社宣伝会議

〒107－8550

東京都港区南青山5-2-1

TEL 03-6418-3320（販売）

TEL 03-6418-3331（代表）

URL www.sendenkaigi.com

イラスト　高田真弓

装丁　萩原弦一郎（デジカル）

印刷・製本　シナノ書籍印刷株式会社

©Shigeru Kusaba 2015 Printed in Japan

ISBN 978-4-88335-326-2

無断転載禁止。落丁・乱丁本はお取替えいたします。